追尋印度史詩之美

100個神話故事全圖解

貓頭鷹編輯室
製 作

政治大學宗教研究所副教授
黃柏棋
審 定

永久典藏版

追尋印度史詩之美：100 個神話故事全圖解

原書名：圖解 100 個印度史詩神話故事

貓頭鷹編輯室　製作

撰　　　文　潘俊琳
照　　　片　吳德朗、許紘捷、陳穎青、蕭亦芝、張蘊之
繪　　　圖　吳德朗、Soma、王佩娟
審稿顧問　黃柏棋
企畫主編　陳穎青
責任編輯　曾令儀、張蘊之、陳妍妏、張瑞芳
協力編輯　莊雪珠
校　　　對　莊雪珠、張蘊之、陳慧玲
美術編輯　歐陽碧智、林皓偉、劉曜徵、許紘捷
封面設計　吳文綺
總編輯　謝宜英
行銷業務　張芝瑜
業務專員　林智萱
出版者　貓頭鷹出版
發行人　涂玉雲
發　　　行　英屬蓋曼群島商家庭傳媒股份有限公司城邦分公司
　　　　　104 台北市中山區民生東路二段 141 號 2 樓
劃撥帳號：19863813　戶名：書虫股份有限公司
城邦讀書花園：www.cite.com.tw　購書服務信箱：service@readingclub.com.tw
購書服務專線：02-25007718 ～ 9（周一至周五上午 09:30-12:00；下午 13:30-17:00）
　　　　　24 小時傳真專線：02-25001990 ～ 1
香港發行　城邦（香港）出版集團／電話：852-25086231／傳真：852-25789337
馬新發行　城邦（馬新）出版集團／電話：603-90578822／傳真：603-90576622
印製廠：　中原造像股份有限公司
初　　　版　2011 年 1 月
二　　　版　2012 年 5 月
三　　　版　2015 年 2 月
三版二刷　2019 年 5 月
定　　　價　新台幣 599 元／港幣 200 元

讀者服務信箱　owl@cph.com.tw
貓頭鷹出版部落格　http://www.owls.tw
歡迎上網訂購；大量團購請洽專線 02-25007696 轉 2725、2729

國家圖書館出版品預行編目 (CIP) 資料

追尋印度史詩之美：100 個神話故事全圖解 / 潘俊琳
撰文；吳德朗等照片；吳德朗, Soma, 王佩娟繪圖 . --
三版 . -- 臺北市：貓頭鷹出版：家庭傳媒城邦分公司
發行, 2015.02
　面；　公分
ISBN 978-986-262-233-9 (精裝)

1. 神話 2. 印度
283.71　　　　　　　　　　　　　　　　283.71

眾神國度：有十億印度人，就有十億印度神

文：印度—臺北協會代表
羅國棟（Pradeep Kumar Rawat）會長
編譯：吳德朗、黃維德

在宗教方面，印度是唯一的百萬富翁……眾人皆渴望一窺此地，即便只是短暫的一瞥，一旦見過此地，就算世上所有事物皆列於眼前，也無法換來那短短的一瞥。
——馬克·吐溫（Mark Twain）

印度，文化多元之地，此地對許多人來說意義非凡。印度，欣然迎人之地，各色人種自遠至近登門造訪，最終亦以此為家。印度，尖端思想之地，數千前年的印度史詩之中，即已談及如今才得以實現的科技。印度，智慧豐饒之地，眾人不遠千里來此啜飲其智慧。

印度，如此富饒、智慧、開放而多元，亦深受這些特質之害。在言論自由、平等選擇這些名詞尚未流行之前，印度早已將它們付諸實行。在印度那難以計數的宗教、傳統與信仰之中，活生生的例子四處可見；印度有句俗話是這麼說的：每天都是某個宗教信仰的重要節慶。有人說印度是十億人、十億神之國，這可不是空口白話；美國作家馬克·吐溫曾說：「在宗教方面，印度是唯一的百萬富翁……眾人皆渴望一窺此地，即便只是短暫的一瞥，一旦見過此地，就算世上所有事物皆列於眼前，也無法換來那短短的一瞥。」

印度的智慧精髓在於將多元合而為一的能力，其整合能力讓印度宗教信仰成為生活之道，滲入生命的各個面向，自生至死，到了死後仍不止息。宗教習俗和傳統天衣無縫地深入社會風俗、道德規範、科學知識、藝術傳統，自然而然地代代相傳，猶如不息之川流。

印度教，一如任何古老宗教，其百萬眾神正是印度創意天賦的最佳體現。著名的印度哲人聖・羅摩奎師希那帕拉馬汗沙曾說道：「印度教之中，有多少靈性追求者，就有多少條靈性之道；同樣的，有多少信徒，就有多少神，讓信徒得以尋求適合自身心境、情感、情緒和社會背景的信仰。」印度教猶如浩瀚巨洋，無法容納於一、兩本書之中。作者和黃柏棋教授及吳德朗先生諸君，在台灣均致力於研究印度文化和歷史哲學，推廣印度文化不遺餘力。通過本書，試圖告訴讀者有關印度教的傳統和生活方式。當然，僅憑一本書，不可能將數以百萬計的眾神完整地介紹完畢。但本書撮其精要，並以簡明有趣的故事與易讀的篇章，逐一介紹印度教諸神，展卷讀來，令人愛不釋手。

特別是吳德朗先生，經過多年的研究和長期實地考察，為本書條目提供插畫和第一手的相片，增添本書不少的可讀性。

在此，我特別要向本書的作者及編輯團隊致上敬意，並預祝本書發行順利成功。本書得以出版，除了上述諸君居功厥偉的心血付出之外，也必須感謝貓頭鷹出版社付出的心力；貓頭鷹出版社讓台灣民眾有機會一探豐富的印度文化遺產，為印度文明做出了非凡貢獻。

初探印度神話的
豐富樣貌

吳德朗　臺北印度音樂文化中心　創辦人

神和神之間的關係，千絲萬縷；盤根錯節的故事情節，引人入勝，這正是印度神話。

印度神話歷經雅利安人入侵、吠陀時代，從婆羅門教到印度教，起了很大的變化。從萬物皆有靈的原始崇拜，到逐漸成形的天神，不僅為印度教信仰打下基石，也豐富了印度人的人生。印度人是想像力豐富的民族，印度神話和世界其他知名的神話故事一樣，趣味盎然，充滿無窮魅力。隨著時空背景改變，神的力量或有消長；神和神之間的關係千絲萬縷，剪不斷理還亂。盤根錯節的故事情節，使世人對印度神話充滿了好奇，所知卻很有限。

對印度人來說，對神明的崇拜是印度人世俗生活非常重要的活動，早上起來拜濕婆、羅摩、黑天和象頭神；到了工作場所，商家要拜財神吉祥天女，藝術家要拜辯才天。到了節慶更是熱鬧非凡，新年前後有一系列不同的神要禮敬拜拜。同樣是印度教，每一個地方都有不同的儀式，外人來看印度神，有如霧裡看花，越看越糊塗，更顯得這本書的迫切性。

印度神話特色

印度有十二億人口，近十億人信仰印度教，從世界遺產到鄉間小廟，各色廟宇林立。歷經數千年，印度人仍然保有先人的信仰，不曾改變，是文明進程中的奇葩。印度神話構築成的天國，比世俗世界更為精彩，更強而有力。印度人不太在乎什麼人來統治他們，重視宗教家遠甚過政客，在乎靈性多於物質。印度國父甘地，外人說他是偉大的政治家，對印度人而言他是聖者，是毗濕奴神第十分身。

印度神話的想像力自由自在，超越自然規律限制。眾神雖不具物質軀體，但各有其形象，每一個神又因不同的時空訴求，有不同分身。主宰宇宙世界的神，悠遊天地人間，對物質世界的影響力無遠弗屆。雖然每個神都具有特殊本領，但性格和凡人一樣，著迷於權力、欲望，彼此之間纏鬥不休，合縱連橫，比起凡人不遑多讓；雖然是神，也要面臨生老病死的困擾。

印度神話從宇宙起源，到諸神權力的爭奪、愛恨情仇、冒險犯上，無比的力量，牽動了天地人三界，引發暴風、洪水、地表上翻天覆地的巨變，不

僅改變了天庭的權力結構，也改變崇拜與儀式的樣貌。印度諸神的天國，充滿了神聖與世俗的矛盾，豐富了印度神話和史詩文學，成為印度人的精神支柱。印度政治和藝術的建築、雕刻、繪畫、戲劇音樂表演藝術，莫不和印度神及神話息息相關。印度神和佛教、藏傳佛教的神，相互影響、相互借鑒、相互吸收，形成難分難解的關係，幾千年來，印度對南亞諸國的影響，至今仍方興未艾！

參與見證

為了本書繪圖及攝影，筆者走遍了東西南北印度近百大小廟，出發前做了功課，廟堂之盛讓人目不暇給，有的則因缺乏妥善保護，慘不忍睹，令人不勝欷歔。由於印度時值盛夏，進印度廟又得赤腳，近四十度的地表，雙腳像烤BBQ，也得忍受。印度廟午休（下午一點至四點），為了完成任務，得和婆羅門廟祝情商；到了大廟，數以千計的雕像，你得再請婆羅門導覽。啼笑皆非的是，第二天再造訪相同的廟，不同的婆羅門又說出不同的故事。

比較遺憾的是，在印度很多廟嚴禁攝影；更嚴苛的是，非印度教徒不准入內，為此我頗有抱怨。但當我知道連印度國大黨主席桑妮亞·甘地都不例外時，也就釋然了。

每一個地方的印度教都各有特色，反映到神像，自然散發不同的迷人風韻。無論你是否喜歡這些廟宇雕刻，印度廟典雅華麗與自然質樸兼具的風格，絕對讓你目眩神迷。透過本書的介紹，可以了解印度諸神所表達的超自然力量和不可思議的任務，適時彌補了現實世界所缺乏的制衡力量。凶神惡煞的造像可嚇唬妖孽，人見了也退避三舍，心生恐懼。如果你有一顆渴慕及追求聖潔的心，便可欣賞多彩多姿的印度眾神，體會這些圖像的象徵意義，和人神密不可分的渴望。

這本書是充滿知性、難得一見的好書，精彩的插圖和第一手的相片，更添加了趣味性，如果你對印度文化有興趣，本書將是你受用無窮也絕對會愛不釋手的床頭書。

目次

永恆的神話創作 不朽的宗教關懷

政治大學宗教所副教授　黃柏棋

　　一般認為神話創作為印度文化所特有，從最早的讚歌詩集《梨俱吠陀》到兩大史詩《摩訶婆羅多》和《羅摩衍那》，以及諸多往世書都可見到歷史時間被架空，人物敘述超越現世時空，敘事者想在現世時間外找尋永恆的意義。這跟歷史敘述的人間性，或人間秩序及其延續的水平式敘述大異其趣。印度神話與史詩，是一種試圖跨越人間時空範疇的垂直式敘事。

　　印度人為何鍾情於神話敘事呢？這跟印度社會最具優先性的宗教觀息息相關。古代印度人的時間敘事是一種深度與奧祕的表現方式，他們當然知道年、月、日的時間計算，但因宇宙觀、末世觀與救贖觀等宗教關懷的關係，時間成為一種隱喻（metaphor），烘托出人在浩瀚的時間洪流中的渺小。而不管是宇宙紀元（yuga）或是劫（kalpa）等時間單位，都跟宗教上的相關重大關懷不可分離。以宗教前提為本的神話敘事，根本上就是要跟現世關懷的人間歷史區隔開來。想透過不受限於時空的非歷史性敘事觀點，來傳遞具有神聖意義的永恆關照。

　　不過，雖然神話是印度的敘事傳統，但一般不會把《梨俱吠陀》當成史詩，而《摩訶婆羅多》和《羅摩衍那》則被視為印度史詩，差別何在？基本上，吠陀經典，特別是《梨俱吠陀》，被當成天啟聖典對待，而《摩訶婆羅多》等則被視為人間傳承。之所以如此，可能跟外道對於吠陀的詆毀有關。不過，若從對民族或宗教社群的形成具有關鍵性塑造力量的史詩框架來看，則《摩訶婆羅多》和《羅摩衍那》對印度（教）社群的形構，提供了無可取代的思想關聯，而《梨俱吠陀》則無。

　　總的來說，在吠陀時代，特別是《梨俱吠陀》，對於真理或真話的闡釋與維繫不遺餘力，密多羅跟伐樓那成了真理或真話的守護神。而在史詩時代，真理或真話的守護並非最重要的，法──不管是種姓法或王法才是關注的焦點。《摩訶婆羅多》或《羅摩衍那》兩者對有關印度（教）種姓社會相關價值觀的形成，都有莫大的關係。

　　上面提到的吠陀時代，與史詩時代在思想氛圍是不一樣的。如果神話是用來傳遞超越現世的神聖意義，那麼神話中的敘事主題與人物特質是不是會隨著時代改變呢？的確，神話敘事並非是一成不變的人物與主題重複。從《梨俱吠陀》到《往世書》的一千多年時間，故事的敘述方式改變了，人物也更迭了，傳達的意義也隨之更迭。《梨俱吠陀》裡面重要的神祇，在史詩時代常成了配角。以因陀羅為例，祂可說是《梨俱吠陀》中最重要的神祇，開天闢地，允文允武，為眾神所畏懼，也是人間祈福的主要對象之一。然而，在往世書裡面，祂卻成了一個軟弱無力的神明，不但跟濕婆、毗濕奴或梵天的威力根本無法相比，甚至不是阿修羅惡魔的對手，跟《梨俱吠陀》裡面的描述完全不一樣，為什麼會有這麼重大的轉變呢？

　　原來神話還是有其時代性的，也有其社會性跟文化上面的意涵。在梨俱吠陀的時代，因陀羅身為雷神，具有呼風喚雨的能力，可以看出那個時代人跟自然的關係，以及人對自然的依賴。不過那個時代並非只存在著人對自然的看法，也存在著人對於普遍秩序的追求，前面已提到真理或真言被視為是最高的普世道德準則，有其至高無上的意義，密多羅跟伐樓那成了監督人間秩序的二合一神祇，只要人們不守規定、不照誓言行事、不履行契約，就會受到在天上凝視人民一舉一動的二合一神祇的嚴厲懲罰。由此，我們可以看出在梨俱吠陀社會遵守合約的重要性，以及講真

話、說實情所具有的普遍意義。雖然在《梨俱吠陀》第十卷第九十頌《原人讚歌》中提到四大種姓的源起及名稱，然而，此時法的重要性比不上對真理的堅持，對社會階序的分殊化思考，尚未凌駕於普世的共同宗教倫理關懷之上。

在梵書時代，生主成了最重要的神祇。原因無他，梵書所關係到的是一個專權而複雜的祭祀萬能時代，生主身為祭祀之神，萬事萬物皆由生主所生，也就是靠祭祀來維繫一切意義。在這個時代裡，婆羅門作為祭司種姓的意識型態終告確立。這當然不是一夕之間發生的改變，而是慢慢演變而成。不過由梵書中，婆羅門與剎帝利為了祭祀權而發生鬥爭的神話故事，可以見出，婆羅門在印度種姓社會上面的精神指導地位，跟剎帝利在政治領域的權威地位，是兩者之間取得某種程度的妥協與共識之後才有辦法來完成的。在梵書時代，婆羅門與剎帝利在種姓社會的地位逐漸確立，種姓之分界更趨於嚴格與完備。

種姓社會完成之後，種姓法的嚴格遵守變成了最重大的事情之一。在《摩訶婆羅多》裡面，剎帝利種姓法的遵守變成了婆羅門史詩敘事者屢加傳揚的訊息。《摩訶婆羅多》最著名的故事《薄伽梵歌》中，黑天諄諄告誡阿周那要遵守剎帝利的種姓法，在戰場上要勇猛殺敵，不能退縮，即使面對的敵人是親人手足也不能手軟，一切都得照規定自身之法行事，不計結果為何，但問自己是否盡了剎帝利的義務。由此可以看出，在摩訶婆羅多時代，種姓秩序的嚴峻以及階級網羅之森嚴了。

種姓社會越來越趨嚴密的情形，我們在往世書中看得更清楚：殺婆羅門被視為罪大惡極、不可饒恕之事。梨俱吠陀時代的因陀羅，可說是無所不能，為所欲為，神力無邊。然而，這樣一個神祇，在往世書中卻因為被視為有潛在殺害婆羅門、破壞神聖種姓法的可能，而被排斥在外，變成次要角色。對此情形，我們可以說：在往世書時代，不但種姓法已經牢不可破，婆羅門更被提升到像梵天般神聖而不可侵犯的最高地位了。種姓社會，更成了牢不可破的神話。

從神話的內容以及所關心議題的改變，我們也可看出印度宗教思想大致的演變情形。在早期婆羅門祭祀思想當道的時代，比方說《梨俱吠陀》對火神阿耆尼大量的歌頌詩歌裡面，充分表現出吠陀時代的人對於火的仰賴與尊崇。

到了印度教神祇受到尊崇、祭拜的年代，濕婆與毗濕奴從吠陀時代的次要角色搖身變為舉足輕重、法力無邊的神明，這點在史詩與往世書中透露無遺。特別是濕婆這位眾神之主更是變幻莫測，令人畏怖。從史詩時代的書中對神力不可測的鋪陳敘事裡面，我們發現此時已是濕婆教派與毗濕奴教派全面當道的時代了。而在印度教神祇升天時代，雖然對於火的伺候依然，然而火供（agnihotra）卻變為護摩（homa），成了密續（tantra）的基本儀軌，不管在濕婆派密續或毗濕奴派密續皆然。至於其主要作用乃為召喚及攏絡諸神祇，藉其神力以獲取現世間利益。阿耆尼作為眾神之師的時代已經過去了，其獨立神格也模糊了，取而代之的是透過火供來操弄眾神，以遂其所願。

不過，印度神話敘事，除了在不同時代的印度有其不同的關懷主題之外，彼此之間的傳承、借用與創新之處也不能加以忽視。一般認為《摩訶婆羅多》成書年代，約在西元前四世紀至西元四世紀之間。梵語「Maha」原意為偉大，「Bharata」則是部族之名，因此書名《摩訶婆羅多》直譯是「偉大婆羅多族的故事」，以列國紛爭時代的印度社會為

背景，敘述了婆羅多族兩支後裔俱盧與般度族爭奪王位繼承權的爭鬥。這部以梵文寫成的敘事詩巨作，全書共分十八篇，計有十萬頌，比荷馬的《伊里亞德》加《奧德賽》多了好幾倍，是人類史上最偉大的巨著之一，也是古代文明世界最長的一部史詩，因此常被喻為「史詩中的史詩」。現代的印度人認為自己是婆羅多族的後裔，所以獨立後的印度就自稱為「婆羅多國」。

《摩訶婆羅多》不但為長篇英雄史詩，還穿插大量的神話傳說和寓言故事，以及有關宗教、哲學、政治和倫理等教理對話。因此《摩訶婆羅多》的內容，除如書名所示為「偉大婆羅多族的故事」之外，事實上也是一部「印度教百科全書」，恰如史詩結尾部分所宣稱的，此書囊括了人生「四大目的」——欲、利、法和解脫的全部內容：「正法和利益，愛欲和解脫，這裡有，別處有；這裡無，別處無。」（十八·五·三十八）。

然而，歸根究柢，婆羅多的概念來自古老的《梨俱吠陀》。《梨俱吠陀》裡面曾多次提到婆羅多的相關字眼，其中最有名的是第三卷第三十三頌，內容為婆羅多族的詩人遍友（Vishvamitra）與兩條河流的對話。在對話中，遍友要求湍急的河流讓掠奪牛群的婆羅多族人安全渡河，河流最初不肯答應，後來終於首肯，卻對遍友提出條件，要求詩人在人間永遠傳頌對河之讚歌。在這裡，詩乃代表真理之言，婆羅多族則為傳揚詩歌真理的族群。而在《摩訶婆羅多》裡，詩人則藉著婆羅多族後裔俱盧與般度族爭權之戰，陳述出印度教社會的人生真理。梨俱吠陀的婆羅多與史詩的婆羅多，雖然代表著兩種不同的宗教文化象徵，卻又有著甚為巧妙的呼應關係，終究讓婆羅多得以不朽。

至於《羅摩衍那》的故事，我們在佛教巴利《十車王本生》中也可找到。然而，在本生經中，羅摩與悉多原先是兄妹而非夫妻關係，情節的發展也僅限於印度本土，並沒有羅摩大軍遠征楞伽島之事，內容也相對簡單，主要是探討羅摩與其同父異母兄弟婆羅多（又是Bharata！）之間為了王位而相互承讓的經過，彰顯出所謂倫理秩序的重要性；而《羅摩衍那》所宣揚的是印度教的核心價值。悉多成為貞婦的代表，羅摩成為法王的化身；而種姓秩序的護衛更是法王所不能片刻放鬆之事。比方說，首陀羅修行者商部伽因為違反種姓規定行苦修，竟導致婆羅門之子夭折。而在羅摩親手將其斷首之後，婆羅門之子又死而復生（後篇，第六十四到六十七章），在在都可讓我們感受到史詩故事變異的用心，以及其與時代主導意識之間的密切關係。

此外，《羅摩衍那》所述及的一個重大主題，即是羅摩與魔王羅波那之間的爭鬥。如果說羅摩代表的是正義之師的話，那麼羅剎王代表的是對王法的威脅以及社會秩序破壞的他者。羅剎王國的存在，是對正法王國在權力上的挑釁與挑戰，這包括家庭的保全。如果說《摩訶婆羅多》代表婆羅多族對自我的認同意義，那麼《羅摩衍那》就牽涉到婆羅多族與異族的互動關係，可以代表印度教對於異教徒的一種觀點。然而，在近代，《羅摩衍那》中所描繪的他者卻成了明喻，穆斯林成了妖魔鬼怪，就因為蒙兀兒王朝統治印度期間，不少印度教徒改宗伊斯蘭，後來在英國殖民者離開後，印度次大陸又形成印度與巴基斯坦分立的局面。近年來倡導印度教徒魂的政客，不斷地發起回到羅摩時代討回公道的政治運動，導致印度教徒與穆斯林社群之間的衝突不斷。因此，如何看待《羅摩衍那》，是一個令人深思的問題。

總論

> 「印度人不太注意事物的歷史次序；他們在述說國王的年代系列時總是漫不經心，當要他們非說不可時，就困惑起來，不知說什麼好，他們總是以講故事代替。」
>
> ——波斯學者比魯尼（Abu Rayhan Biruni，A.C 974-1048）

印度是四大文明古國之一，西元前七千年，印度這塊土地就已經有文化活動；古印度文明影響廣泛，東至印尼，西至羅馬帝國，北至西藏，南至斯里蘭卡；發源自印度的佛教，更是世界四大宗教之一。東南亞地區深受印度與中國這兩大文化勢力影響，從種族遷徙、往來貿易、宗教信仰、政治角力到領土的開拓，印度都扮演了極為關鍵的角色。

自古以來，印度人相信人世只是輪迴再生的一個過程，重要的是死後如何進入天界，享有永恆的快樂，肉身所為的歷史一點也不重要。於是各式各樣的神話被創造、傳唱，曾有研究者統計，印度至少有三億三千萬個神，連印度人自己也常搞不清楚誰是誰，外人更是難以一窺堂奧了！

要透徹理解印度繁複的神話系統十分困難，但從精彩的神話故事切入，倒是一樁樂趣無窮的享受。這些神話史詩故事被佛教吸收，在亞洲隨著貿易流布，與各地原本的文化融合，被內化、改寫，再度產生新的篇章。如《羅摩衍那》在泰國就被改寫成《拉瑪堅》；吃人飲血的荼枳尼傳到了日本，便和稻荷神使者（狐狸）合而為一，成了吉祥與豐收的象徵；毗濕奴的坐騎金翅鳥，不但是泰國和印尼的國徽，中亞、南西伯利亞、西藏、蒙古也都能看到崇拜金翅鳥的蹤跡……，如此種種，不勝枚舉。

本書精選了一百則印度史詩神話最基本的概念，依神話時期順序介紹。印度的神話時期可大致分為吠陀、史詩神話兩個階段。吠陀信仰是西元前兩千年雅利安人進入印度時帶入的宗教系統，如火神阿耆尼、因陀羅、伐樓那和密多羅等；雅利安人特有的雙輪馬車，也成為吠陀諸神的特徵之一。其中「原人」生出四種姓的階級觀念，更是奠定現今印度種姓制度的關鍵，據推測，應是雅利安人入侵時，為了使印度原住民永世順服，便將原住民貼上「賤民」的標籤，並用宗教力量使之合理化。印度教這種君權神授、政教合一的特質，流傳到東南亞各地部落，被當地文化吸收，大大加速了各部落國家化的速度，國力迅速強盛起來。以柬埔寨的前身扶南為例，就是在印度人混填娶了部落女王柳葉之後，根據印度教教義建立王朝，才促成吳哥這個輝煌的文明。

吠陀時期晚期，大概在西元前後五百年間，《羅摩衍那》與《摩訶婆羅多》逐漸成書。這兩部史詩原本都是口傳詩歌，隨著漫長的歲月積累成篇。在這兩部史詩逐漸演變的過程中，吠陀諸神地位也有升有降，梵天、濕婆和毗濕奴成為最受愛戴的三大主神。他們的妻子、兒女也各有職司，受到廣大信徒的供奉。這個時期奠定了現代印度教的神話體系，我們常見的象頭神、吉祥天女、羅摩、哈奴曼，都是在這個階段發展成熟的。

最後是印度原生神祇與雅利安信仰混同、流變後的其他神祇，如南印度的眾女神、羅剎、夜叉、那迦等。南印度與北印度因為地域隔閡，歷史的演進有時是與北方各自獨立的，宗教文化的特質也與北方大異其趣，保留了許多原始信仰的痕跡，如血祭、性力崇拜等。本書將這個部分的信仰文化收錄於「其他讚頌、神祇」這個篇章中，務求概要且全面的介紹印度信仰。

雖然印度諸神有千萬化身，造型多變，但還是有一些辨識的小技巧，如法器、坐騎、頭的數量，本書透過拉線圖說，將這些特徵清楚呈現；本書也盡量列出經典場景的圖片，如毗濕摩中箭、象頭神抄寫《摩訶婆羅多》、悉多遭羅波那劫掠等，讓你不論在印度、泰國、柬埔寨還是印尼，只要看見類似的構圖，就能辨識出浮雕壁畫所呈現的故事，並享受不同文化所展現的藝術之美。

神話關係表

本書條目依時間序編列，分為「吠陀時期」與「史詩與印度教時代」。由於神話結構恢弘紛雜，可參考本表了解各條目間的關係。

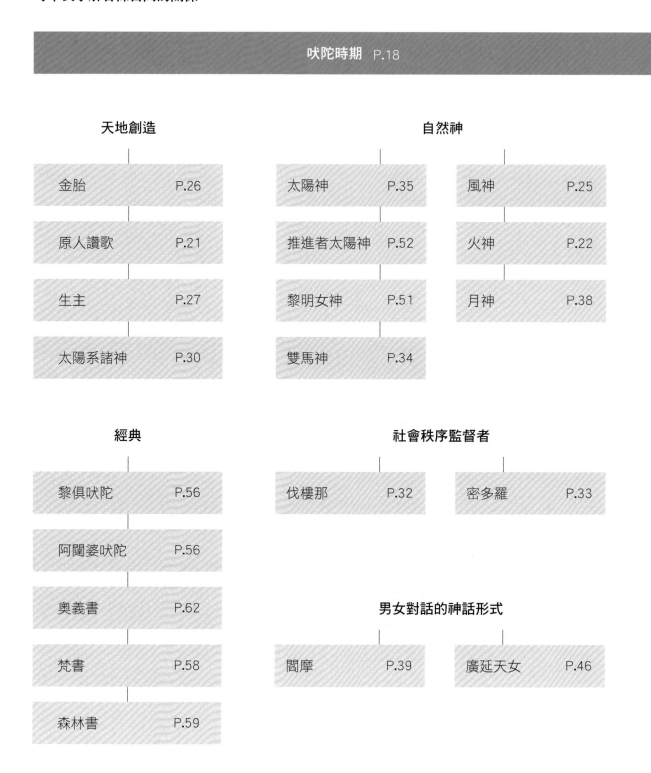

吠陀時期 P.18

天地創造

金胎	P.26
原人讚歌	P.21
生主	P.27
太陽系諸神	P.30

自然神

太陽神	P.35
推進者太陽神	P.52
黎明女神	P.51
雙馬神	P.34

風神	P.25
火神	P.22
月神	P.38

經典

黎俱吠陀	P.56
阿闥婆吠陀	P.56
奧義書	P.62
梵書	P.58
森林書	P.59

社會秩序監督者

| 伐樓那 | P.32 |
| 密多羅 | P.33 |

男女對話的神話形式

| 閻摩 | P.39 |
| 廣延天女 | P.46 |

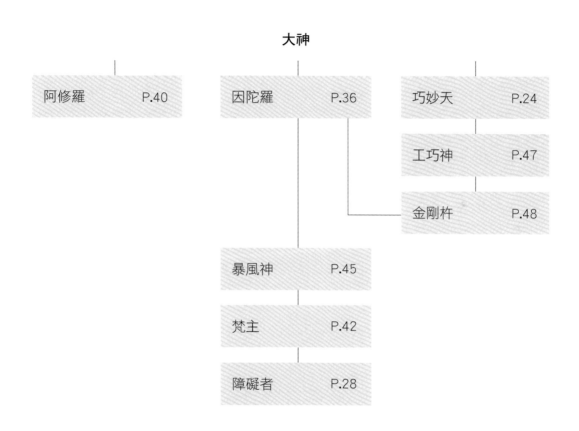

大神

阿修羅 P.40	因陀羅 P.36	巧妙天 P.24
		工巧神 P.47
	金剛杵 P.48	
	暴風神 P.45	
	梵主 P.42	
	障礙者 P.28	

陪襯主神的角色

		財神
飛天女神 P.43	乾闥婆 P.44	俱毗羅 P.50

史詩與印度教時代　P.54

吠陀時期的神話

天地創造 Creation

在印度的神話世界裡，宇宙未形成之前，世界是一片混沌，既沒有存在，也沒有非存在。直到出現一枚漂浮在混沌之海的金卵，梵天破卵而出，才創造出了天和地，以及天地之間的空間；是為天、地、空三界。

面對廣大無垠的世界，梵天感到孤獨，於是從他的心靈生出了大兒子摩里質，眼睛誕生了阿底利，嘴唇生出了安吉羅，右耳生了布洛斯底耶，左耳生了布洛訶，鼻孔生出了克羅圖，這是梵天最初的六個兒子。後來梵天又從右腳的大腳趾生了第七個兒子達夏，而第八個孩子生自梵天的左腳大腳趾，是女兒毘里尼。

達夏和毘里尼生了五十個女兒，其中十三個女兒嫁給摩里質的兒子迦葉波，達夏的大女兒底提是巨妖底提耶族的母親，二女兒檀奴是巨妖檀那婆族的母親。達夏的三女兒阿底提則生了十二個赫赫有名的太陽系諸神，包括水神伐樓那、雷電神因陀羅、守護神毘濕奴、太陽神蘇利耶、契約之神密多羅……都是阿底提和迦葉波的兒子，因此迦葉波既是天神之父，也是阿修羅之父，祂同時也是人類、野獸的父親，於是天界、魔界、人間界由此展開。

太陽神為天地創造了光明，讓人類可以在白天做事，晚上好好休息。而人的一個

▲宇宙守護神毘濕奴，是阿底提和伽葉波之子，與因陀羅、濕婆同為三大主神之一。（印度淡米亞那督邦堪奇普藍神廟）

個月是祖先的一日一夜，人的一年是天神的一日一夜；天神的一千年稱為爭鬥時代，二千年稱為二分時代，三千年稱為三分時代，四千年稱為一個圓滿時代，而這四個時代的一千二百倍稱為一個天神時代，二千個天神時代是梵天的一日一夜。

當梵天從一整天的休息甦醒後，就開始重新創造世界，整個世界開始活躍，當祂躺下時世界就歸於平靜，當祂睡著時，宇宙萬物開始消融。梵天就是這樣讓這個世界不斷生滅。

◀梵天出自金胎（梵卵），其破卵而出的創世傳說，與中國的盤古開天地很類似。可能是梵天傳說在漢代流傳至中國後，才被納入中國的神話系統當中。（印度淡米亞那督邦堪奇普藍神廟）

原人讚歌 Purusha sukta • पुरुषसूक्त

印度人很早就開始思索宇宙與人之間的關係，他們將宇宙萬物與人聯繫起來，認為人不但跟宇宙密不可分，「原人」更是宇宙事物的基礎，而宇宙間的日、月、風、太空、天地、方位都是由「原人」的身體器官所產生，連四種姓都出自「原人」。在《梨俱吠陀・原人讚歌》中，充分表達了印度的天人思想。

▲ OM，是宇宙的第一個聲音，是創世之聲，也是印度教的象徵，在各種讚歌中反覆出現。流傳到佛教中，它就成為六字大明咒「唵嘛呢叭咪吽」的「唵」。

《原人讚歌》的內容提到，原人具有千手、千目、千足，其身體遍及地之四隅，十指超越地之極限。原人既是往昔，又是現今及未來的一切，他是永生的主宰，且無需仰賴食物。原人非常巨大，「萬有」只是他的四分之一，天宇的永生界是他的四分之三。原人攜此四分之三飛升，留下四分之一再現於世。於是，食與不食煙火的兩界任他邀遊其間。原人生遍照者，而遍照者再生原人，他一出世，龐大的軀體前後都超越了地的極限。

諸神把原人當成犧牲獻祭，他的油脂為春、柴薪為夏、貢品為秋。原人作為犧牲，遍布於四野，有眾仙人和祭司為伴。由於有原人作為祭品，油脂得以凝聚，空中、森林以及農村的動物相繼生出。由於有原人作為祭品，讚歌、頌詞、咒語、祭祀儀軌得以產生。馬及一切雙排牙齒的動物由此而生，山羊和綿羊亦由此而生。

他們將原人肢解，他的雙臂、雙腿、雙足分別化為剎帝利、吠舍、首陀羅，口化為婆羅門，他的頭化為蒼穹，心化為月，眼睛化為日。從他的口中生出了因陀羅和阿耆尼，其氣息生出伐由，肚臍生出空氣，雙足生出地，耳生出方位。於是，諸界形成，天地萬物具備。

• 梵線

▶ 婆羅門身上有一條從左肩掛下到右腰的梵線，標誌其尊貴的身分。（淡米亞納督邦堪奇普藍神廟）

火神 Agni・अग्नि

火，在任何古老的文明中都具有舉足輕重的地位。印度的火神阿耆尼，是由火神格化而來，象徵永恆不朽的奇蹟。在古吠陀時代，火神阿耆尼的地位僅次於因陀羅。關於火神的故事以及神職眾說紛紜，比較明確的說法，是祂在祭祀中扮演著仲介者的角色。

火神阿耆尼是祭祀中的聖火，也是家家戶戶的爐灶用火及照明所需。古祭司相信人類所獻上的祭品，可以藉由火化儀式，讓祭品轉成煙霧後，即能直達天庭。火神阿耆尼負責接收和傳遞的工作，因此火神是神、人之間的使者。此外，火神還會監看芸芸眾生的所作所為，然後傳達給上天，類似中國灶神的任務，只是火神阿耆尼的地位要比中國的灶神高多了。

在吠陀時期，火神阿耆尼、雷電神因陀羅、太陽神蘇利耶，分別掌管地界、空界和天界，可謂位高權重。關於火神的出身和長相也是說法不一，有的說祂生於水，為雨中的雷電之火；有的說祂生於天，是高掛在天上的豔陽；或者說祂是由兩片木材所化生，也就是生於自身。

根據《梨俱吠陀》對火神阿耆尼的描述，祂燃燒、閃耀、照耀，充斥整個空間，具有極大的威力，使天地牢固並予以維護；祂上達天聽，生於兩界，深諳諸界和人間的一切奧祕；祂審視人間的一切，將惡人繩之以法，將諸神引導至祭祀之所；祂對人友善，讓人信守誓約、忠於職守、夫妻和睦，並給予財富；祂給歌者熱情，並破除一切黑暗。

除了祭祀中的仲介者角色，阿耆尼在吠陀時期也是淨化亡者的神祇。據說亡者在火化時，阿耆

▲印度現代插畫家 Soma 創作的火神。頭戴金冠、身騎山羊，躍奔於烈焰之中。

• 火焰光

▶蒙兀兒風格的現代印度繪畫。火神的造型千變萬化，頭的數目、手上的法器和坐騎也與古籍所載不同。唯一不變的辨識特徵是圍繞著火神的火焰光。

▲柬埔寨吳哥寺的火神，坐騎變成犀牛。

尼會淨化他生前的罪惡，讓無垢的靈魂得以隨著煙霧飛升天界。至於審度亡者生前的所作所為而予以賞罰，這是後來才衍生出來的神職，也因此才有所謂的閻摩的審判。

關於阿耆尼的出身，還有另一種傳說：祂是梵天之子，在創世之初，梵天除了從心靈、眼睛、嘴巴、右耳、左耳和鼻孔分別生出了六個兒子（即六個偉大的造物者）之外，還從肚臍生出了八位善良的天神，統稱為「婆蘇」，老大是晝神阿漢，老二是北極星德魯波，老三是月神蘇摩，老四是大地支柱達羅，老五是風神伐由，老六是火神阿耆尼，老七是拂曉之神普拉久沙，么弟是光輝之神拉波薩。這八個兒弟都是因陀羅的隨從，其中以火神阿耆尼的力量最強大，為八人之首。

阿耆尼出生沒多久，天神要舉行祭典，他們要求阿耆尼當祭司，將祭品奉獻出去，那時天神並非不死之軀，阿耆尼害怕自己在獻上祭品時，也獻出了自己的

頭生火焰光 •

• 兩張臉

七隻手臂 •

• 坐騎是山羊

▲古印度人相信祭品與亡者都要經過阿耆尼（火）的淨化，才能到達天界。在《黎俱吠陀》中，特別讚美火神的讚歌占了五分之一，僅次於因陀羅。

生命，於是躲到了水裡。火神躲起來之後，夜晚少了驅逐黑暗之火，妖魔肆無忌憚橫行，眾神慌忙地尋找火神。最後是魚兒跑來向天神說，阿耆尼就躲在水裡，水變得沸騰，魚兒都快活不下去了。魚兒的告密，讓阿耆尼很不高興，祂生氣地詛咒，魚兒從此會讓火給煎烤，成為人類餐桌上的菜餚。

天神推派水神伐樓那去跟阿耆尼溝通。阿耆尼的回答是，只要

可以讓祂永生不死，祂就回去。天神為了阿耆尼特別去跟梵天請命，梵天應允阿耆尼在祭祀時，不但不會有任何損傷，祭品也有祂的一份。於是阿耆尼重回大地，成為祭祀的主宰。

火神小檔案

法相	二面、七臂、三腿
坐騎	山羊
神職	祭祀之神
出處	《梨俱吠陀》

巧妙天 Vishvakarman · विश्वकर्मा

巧妙天毗首傑摩和工巧神同樣是天界的工藝大師，都精於製造神器和城池，一起被視爲宇宙萬有的創造者、全知者，以及無所不察者。

　　財神俱毗羅用黃金和七寶所建造的城池，就是巧妙天的傑作，這座貴氣逼人的城堡，後來遭到俱毗羅的兄弟、史詩《羅摩衍那》裡的魔王羅波那搶奪，變成魔王之都楞伽城。巧妙天還爲財神俱毗羅打造了黃金飛天馬車，財神就是坐在這輛車上，遨翔天際遍撒財寶。

　　濕婆神的戰鬥利器三叉神戟、毗濕奴致勝的飛盤、戰神塞犍陀的長矛、黑天女卡莉的神斧，全都是巧妙天的精心傑作，它們同樣是殺人利器，也是摧毀靈魂的神器。

　　濕婆神用三叉神戟殺魔無數，贏得印度教大神的地位。毗濕奴的飛盤是祂不離手的法寶，也是祂成爲印度教大神的憑藉之一。戰神塞犍陀在和阿修羅多羅迦的戰鬥中，也是靠著巧妙天所造的長矛，才能在最後殺死多羅迦。當黑天女卡莉從難近母杜爾迦額頭上降生時，巧妙天爲她獻上了精心打造的神斧、指環和項鍊，讓黑天女的神力得以完美發揮，最終降服魔軍。

　　巧妙天優秀的女兒薩拉由妮，奉父親之命嫁給太陽神蘇利耶。薩拉由妮不但貌美，在修行上也頗有成就，她看不起相貌醜陋的太陽神蘇利耶，在生下地獄之神閻摩和閻蜜兄妹之後，便悄悄離家修行。

　　當蘇利耶追回薩拉由妮之後，巧妙天動手幫蘇利耶變臉。祂削下太陽神的部分光芒和身體細細雕鑿，蘇利耶總算擁有了讓妻子滿意的容貌。巧妙天也沒浪費太陽神的光芒和血肉，祂用它們打造出了濕婆的三叉神戟、戰神塞犍陀的長矛和毗濕奴的神盤。

戟

神盤

箭

蛇

鼓

法螺

弓

維納琴

蓮花

▲巧妙天創造了各式各樣的神兵利器。

風神 Vayu · वायु

風神伐由是印度教五大元素之一，風（氣）的擬人化神格。祂是兩界所生，充斥於所有的空間，是生命的氣息。風神伐由最廣為人知的，就是有個赫赫有名的兒子哈奴曼，祂也是史詩《摩訶婆羅多》裡般度五子之一的怖軍之父。

▲ 伐由是神猴哈奴曼的父親，因此哈奴曼機智過人，也擁有飛天遁地的神力。

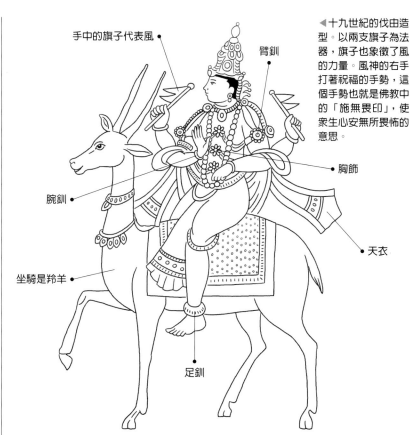

手中的旗子代表風

臂釧

腕釧

坐騎是羚羊

足釧

胸飾

天衣

◀ 十九世紀的伐由造型。以兩支旗子為法器，旗子也象徵了風的力量。風神的右手打著祝福的手勢，這個手勢也就是佛教中的「施無畏印」，使眾生心安無所畏怖的意思。

風神伐由有次經過一座蓊鬱的森林，看到美麗的猴王之妻安舍娜，心生輕薄之意。安舍娜原本是仙女，因為犯錯而受詛咒成了母猴，安舍娜看到風神一臉壞笑就警告祂，要是祂膽敢做出越軌之事，猴王絕不會輕饒。

但風神緊緊抱住安舍娜，告訴她：「妳別害怕，我不但不會傷妳一根汗毛，還會給妳一個傑出聰明的兒子，他將來會名揚四海。」安舍娜日後生下了哈奴曼。哈奴曼後來果然幫助史詩《羅摩衍那》裡的主角羅摩打敗羅剎王，救回羅摩被劫的妻子悉多，哈奴曼因此成為家喻戶曉的人物。

風神伐由還有另一個兒子怖軍，是史詩《摩訶婆羅多》裡的般度五子之一，排行老三。據史詩所載，般度王的五個兒子是兩位皇后和不同的天神所生下，五兄弟中怖軍高大強壯、臂力驚人，和其他兄弟一起打敗持國百子，讓大哥堅戰登上王位，是個勇敢耿直的武士。

在吠陀神話中，風神伐由總是在清晨現身，祂和因陀羅一樣嗜喝蘇摩酒，兩人也一起同車出戰。當因陀羅和巨蛇弗栗多鏖戰時，負責偵察的是風神伐由；當眾友仙人和極裕仙人因為牛而爭執時，因陀羅也派風神和愛神前去調停；而黑天女卡莉的雙耳和弓箭，也是風神伐由所贈。

風神伐由擁有相當多的財富、馬匹以及一輛金光閃閃的馬車，樂善好施，對於以子獻祭者會大方贈予子孫、財產、牲口和榮譽，並讓人有棲身之所。

金胎 Hiranyagarbha · हिरण्यगर्भ

在印度神話中，金胎是世界最初的雛形，是梵天所創造，又稱之為梵卵。後來梵天以意念從金胎中破殼而出，蛋殼分為兩半，形成天與地。

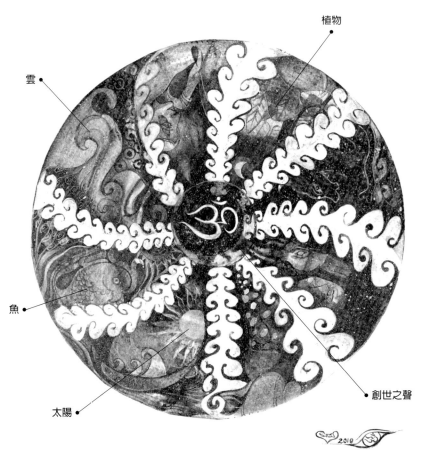

雲

植物

魚

太陽

創世之聲

▲ 金胎在歷史典籍與寺廟中均無造像。圖為印度畫家 Soma 所創作的金胎，描繪日月星辰、蟲魚鳥獸均由此創生。

和的金光，這便是世界最早的雛形——金胎。

　　金胎在宇宙之水中漂流，當時機成熟時，金胎裡的梵天用意念將金胎一分為二，一半造天，一半造地，上者成為廣大的蒼穹，下者就成為厚實的大地。創世主梵天接著拓展了天地間的上下空間，並創造了八個方位，確立了年、月、日、時的概念。祂創造了水、火、土、氣、以太（空）等萬物的主要元素，星辰、高山、平原、河流也一一成形。

　　當創造世界的工作已大致底定後，隻身在這廣闊世界中的梵天深覺孤獨，於是祂從自身生出了孩子，梵天的孩子接著創造了天神、阿修羅、人類、鳥類、獸類、魚類……，這個世界於焉成形，世世代代生生不息。

　　在印度人的觀念裡，宇宙萬物都是由「梵」這個最高靈性所創造，祂是世界的本源，產生一切且包容一切，潛藏著無限的能力。但祂無形無影，沒有任何特徵和雜質，象徵著至高無上的「大我」。萬物之靈的人類則是大我所創造的「小我」，因此人類內在的精神層次，和梵的精神是相通的，這是人類得以透過修行，達到梵我合一（開悟或終極解脫）的憑藉。

　　當這個世界尚未形成時，是一片無可名狀的混沌黑暗，那時既沒有存在，也沒有不存在，沒有空間，沒有時間，沒有生，也沒有死，完全處在一片空寂的沉睡之中。

　　不知道過了多久，宇宙最高的靈魂出現了，祂具有一切力量，但祂卻不顯現自身，祂是不可感覺、不可想像，但又確實存在的力量。祂懷著創造宇宙的心願，透過禪思，從自身創造出了水，祂把自己幻化成種子，投入浩瀚無際的水中，那枚種子閃耀著祥

生主 Prajapati • प्रजापति

生主是印度神話中的創世神和諸神之父，初始即存在，也是祭祀的確定者。祂的神職明確，但所指卻非常籠統，梵天、梵天所生的十子及孫子、推進者太陽神、毗濕奴、閻摩、伐樓那、樓陀羅、工巧神、巧妙天，在不同經典、不同時期，都曾被認為是生主。

法輪
寶螺
蓮花
神杵
坐騎是
金翅鳥

▲毗濕奴也曾經被認為是生主。（印度淡米亞納督邦堪奇普藍神廟）

在《梨俱吠陀》中，生主是以金胎而生，是唯一的創世主，祂維繫天與地，使太陽得以存在於蒼穹，祂遍行於空中，給予生命和力量，祂統攝兩足和四足，祂的手臂成為世間的不同方域。從這些描述，可以知道生主所指的是宇宙創造者梵天。

但在《百道梵書》中，生主指的是一切天神、阿修羅、人、獸的創造者，因此梵天所生之子：摩里質、阿底利、安吉羅、布洛斯底耶、布洛訶、克羅圖、極裕仙人、達夏、婆力古、那羅陀，通通都是生主。摩里質之子迦葉波是一切生物的父親，阿陀利是正義之神達摩之父，安吉羅是安吉羅仙人的父親（梵主就是出自這個家族）；而達夏和妹妹毘里尼生下了五十個女兒，她們分別是各種族群的母親。

迦葉波娶了達夏的十三個女兒，並與底提生了阿修羅族，與阿底提生了天神族，與檀奴生了巨妖族，與維妮塔生了鳥族，與卡杜生了蛇族，與阿那羅生了樹木，和牟妮生下了乾闥婆族。而迦葉波與潔魯陀吠舍生了十個女兒，這十個女兒分別是獅子、猴子、大象、老虎、豹、牛、馬、梟、爬蟲和天鵝的母親，因此迦葉波也被認為是生主之一。

推進者太陽神、毗濕奴、閻摩、伐樓那、樓陀羅、工巧神、巧妙天，分別在不同的經典被稱為生主。其中推進者太陽神有普照大地、滋生萬物的特性，毗濕奴和伐樓那分別是印度教和吠陀時期的大神，因此順理成章地也被視為是生主之一。

梵天有四個頭。浮雕中的梵天，另外一個頭因為在背面，通常只雕出其中三個頭

與願印
四隻手

▲在《梨俱吠陀》中，生主指的是梵天。梵天是創造之神，也是有求必應之神，在泰國香火鼎盛的四面佛，就是梵天。（印度淡米亞納督邦堪奇普藍神廟）

障礙者 Vritra · वृत्र

障礙者是吠陀神話中的那迦蛇族，名爲弗栗多，身體上半部是人形，下半部是蛇身。牠潛伏在水中控制人類的水源，並偷走散布雨水的雲牛，讓人間界的河川乾涸，人們乾渴得奄奄一息。吠陀天帝因陀羅爲此擊殺了弗栗多，被視爲是因陀羅重要的功績之一。

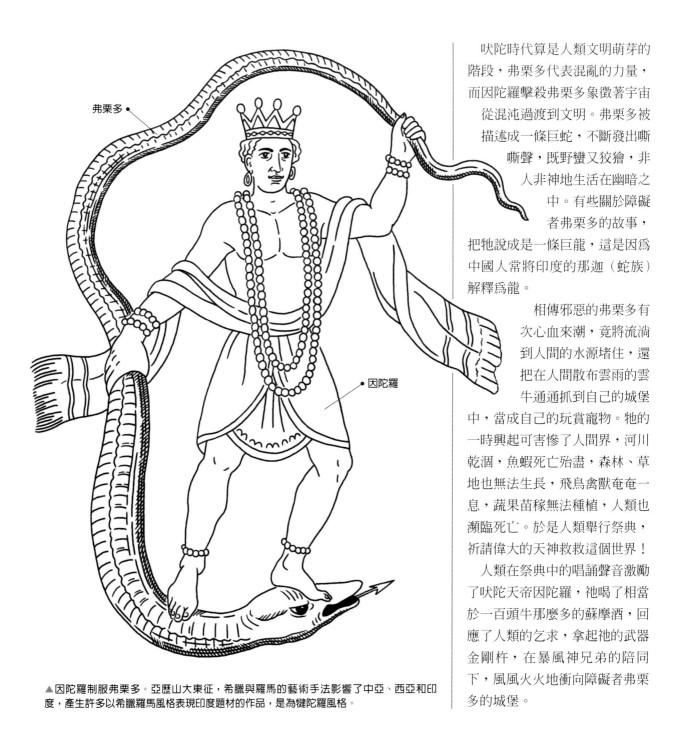

弗栗多

因陀羅

吠陀時代算是人類文明萌芽的階段，弗栗多代表混亂的力量，而因陀羅擊殺弗栗多象徵著宇宙從混沌過渡到文明。弗栗多被描述成一條巨蛇，不斷發出嘶嘶聲，既野蠻又狡獪，非人非神地生活在幽暗之中。有些關於障礙者弗栗多的故事，把牠說成是一條巨龍，這是因爲中國人常將印度的那迦（蛇族）解釋爲龍。

相傳邪惡的弗栗多有次心血來潮，竟將流淌到人間的水源堵住，還把在人間散布雲雨的雲牛通通抓到自己的城堡中，當成自己的玩賞寵物。牠的一時興起可害慘了人間界，河川乾涸，魚蝦死亡殆盡，森林、草地也無法生長，飛鳥禽獸奄奄一息，蔬果苗稼無法種植，人類也瀕臨死亡。於是人類舉行祭典，祈請偉大的天神救救這個世界！

人類在祭典中的唱誦聲音激勵了吠陀天帝因陀羅，他喝了相當於一百頭牛那麼多的蘇摩酒，回應了人類的乞求，拿起他的武器金剛杵，在暴風神兄弟的陪同下，風風火火地衝向障礙者弗栗多的城堡。

▲因陀羅制服弗栗多。亞歷山大東征，希臘與羅馬的藝術手法影響了中亞、西亞和印度，產生許多以希臘羅馬風格表現印度題材的作品，是爲犍陀羅風格。

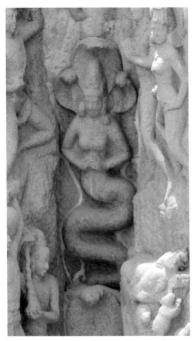
▲弗栗多的同族阿普陀。（印度淡米亞納督邦馬瑪利普蘭神廟）

看到因陀羅來勢洶洶，障礙者弗栗多大聲咆哮，此時風雲為之變色、天地為之顫動，天神紛紛走避。因陀羅的母親阿底提擔心兒子的安危，憂心地跑到戰場，只見因陀羅在蘇摩酒的催化下神勇無比，祂拿起金剛杵直接就往弗栗多身上劈下，但障礙者弗栗多也非尋常角色，金剛杵一時傷害不了牠；暴風神也群起發動攻擊，連串的箭鋪天蓋地射向障礙者弗栗多，卻像射在石頭上一樣，紛紛跌落地面，只是徒然惹惱了弗栗多。

障礙者弗栗多昂起頭抬起身，凶惡的大眼四面八方搜尋敵人，牠張開血盆大口，咆哮聲震耳欲聾。因陀羅再掄起弓箭發動攻勢，弗栗多再怎麼英勇也禁不起因陀羅的一再攻擊，暴風神更是不放過機會，斧頭、弓箭、長矛齊發。弗栗多漸漸不支，但仍奮勇反抗，最後在暴風神的奧援下，因陀羅拿起金剛杵砸向搖搖欲墜的弗栗多，並趁其不備，砍下了牠的腦袋。頓時，被弗栗多堵住的水源翻騰而下，將弗栗多的屍體沖向大海。

因陀羅帶著暴風神兄弟攻陷了弗栗多的城堡，殺光其黨羽，放出關在城堡裡的雲牛。當雲牛湧出城堡漫步天際時，天空剎時烏雲密布、雷聲轟隆，人們苦等多時的雨水終於傾盆而下。許久沒有舒展筋骨的雲牛，在天邊嬉戲，降落人間的雨水終於讓溪流恢復生機，草地百花齊放，乾枯的苗稼也恢復綠意，人們重拾生機，期待在雨水的滋潤下，大地再現榮景。

戰勝障礙者弗栗多的一役，被視為吠陀天帝因陀羅的重要功績，蘇摩酒能讓因陀羅如虎添翼，祭祀能讓天神受到鼓舞，這都是吠陀時代的信仰內容。不過因陀羅對蘇摩酒的過度依賴，也成為祂的弱點，後來祂的許多麻煩都是蘇摩酒引起。

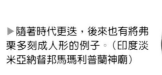
▶隨著時代更迭，後來也有將弗栗多刻成人形的例子。（印度淡米亞納督邦馬瑪利普蘭神廟）

太陽系諸神 Adityas · आदित्य

太陽系諸神是指阿底提和迦葉波兩人所生的兒子，兄弟有六、七、八、十二等不同的說法，伐樓那、密多羅、阿里耶門、安沙、跋迦、達夏、因陀羅這七兄弟組合似乎是最早的班底，對於祂們的形容都是金光閃耀、審視一切及宇宙的維護者，祂們充滿一切空間，乃是太陽之意，因此又被稱為太陽系諸神。

▲因陀羅是太陽系諸神之一，為吠陀時期地位最尊貴的神。（柬埔寨吳哥遺跡女皇宮）

在介紹太陽系諸神之前，先來看看祂們的母親阿底提。阿底提的父親是生主之一的達夏，因此她算是梵天的孫女，達夏將她連同其他的十三個姊妹，一起嫁給她的堂兄迦葉波，阿底提和迦葉波所生的十二個兒子，個個都是天神，因此稱阿底提為天神之母，實不為過。

但阿底提在吠陀神話中的地位並不高，雖然她經常出現，卻都是跟兒子一起粉墨登場，從未單獨被提及，這應該和吠陀獨尊男神有關。她的父親達夏在神話中也變成她的兒子，這種達夏生阿底提、阿底提又生達夏的怪異現象，就算是神話故事，也讓人感到難以理解。

伐樓那是阿底提的長子，是太陽系諸神的長兄，因此弟弟都相當聽祂的話，在吠陀早期，伐樓那的地位和因陀羅差不多，都算是宇宙的主宰，但後來伐樓那成為司法之神及水神。通常跟伐樓那一起出現的是契約之神密多羅，兩者稱為對偶神，獻給伐樓那的頌歌中至少有三分之二是同

▲根據《毗濕奴往事書》，毗濕奴也被載為「太陽系諸神」之一。（印度淡米亞那督邦馬瑪拉普蘭）

時獻給密多羅的。

阿底提的第七子因陀羅，是太陽系諸神中名氣最大、功績最顯赫的一個，祂是吠陀時期的天帝，也掌管著雷電。其餘的太陽神，如阿里耶門、安沙和跋迦，神性和神職則比較模糊，通常和其他兄弟一起出現。阿里耶門能夠賜予世人配偶和繁榮，因此是未婚的少男少女崇拜的對象，祂也掌管倫理，讓世人懂得悔改並贖罪。跋迦則是財富的化身和命運的主宰，也是餽贈的分配者，並能協助夫婦生兒育女。

到了往世書時代，太陽系諸神變成了十二個，與一年十二個月相呼應。根據《毗濕奴往世書》的記載，除了前面提到的七個人之外，還多了布咸、蘇利耶、沙維特力、毗濕奴和陀師多。布咸是太陽照耀萬物使之生長的神格

化象徵，同時也是牲畜的保護神、道路的守護者，能夠拯救迷路的人，祂知曉通往真理之路、獲取財富之路，以及通往祖先之路。在日本稱為「道祖神」。

蘇利耶和沙維特力都是太陽

神，蘇利耶象徵廣義的太陽，而沙維特力則是推動太陽東升西沉的太陽神，特別稱為「推進者太陽神」。

毗濕奴在吠陀時代的角色尚不吃重，但到了印度教時代，毗濕奴和梵天、濕婆成為三大主神。梵天創造世界、毗濕奴守護世界、濕婆則是破壞世界，毗濕奴是三大神中最溫和、也最讓人樂於親近的神祇，在印度的信仰極為鼎盛。

陀師多在吠陀神話中是萬物的創造者，其技藝精湛，也稱之為工巧神。因陀羅的金剛杵、用來盛蘇摩酒的酒杯、諸神用的神器以及居住的城堡，都是出自陀師多之手。

阿底提所生的這些天神兒子，通通具有太陽神的神性，都具有創世者的本能，這可能是古人對於滋生萬物生命的太陽特別有感覺，因此關於太陽的聯想也就特別多。

▼駕著七頭馬車的蘇利耶。這是十九世紀末印度古籍《魔術的藝術》一書對蘇利耶的描繪。

伐樓那 Varuna · वरुण

伐樓那及因陀羅兩兄弟是吠陀時代的兩大神祇。伐樓那在吠陀時期象徵賞罰分明的蒼天，會讓惡人得到水腫病，被視為司法之神。但隨著文明進步，其他更貼近人類生活的神祇取代了蒼天的角色，因此伐樓那在吠陀之後的梵書時期逐漸式微，變成水神及溺水靈魂的守護者。

諸神之母阿底提之子是太陽系諸神，伐樓那就是阿底提的長子，太陽系諸神均以長兄伐樓那之命是從。祂是《梨俱吠陀》中描寫最突出的阿修羅神，據載伐樓那是世界的創造者和維護者，高居九重天，充斥於任何空間，讓太陽高掛蒼穹，而白天和黑夜是祂的衣裳，東升西降的太陽則是祂的雙眼。祂降下宇宙之水，讓水獲得釋放，祂置身於水中，讓河道和海洋為水所充盈。

伐樓那在吠陀時代不但是諸天之長，也關照人類並規範紀律，被視為宇宙秩序和真理的化身。祂明察秋毫、賞善罰惡，庇護人類免受邪惡勢力的迫害，以及擺脫惡夢的恐懼，祂保護奉公守法者，對於不道德的、非正義的、

繩索。
法力強大的武器，曾贈予黑天女、阿周那，協助他們在戰爭中獲勝。

魔羯。
又稱魚龍，是伐樓那和恆河女神的坐騎。

▲伐樓那是司法之神，以海獸魔羯為坐騎。

▲伐樓那也是水神，他的坐騎海獸魔羯，也常以象鼻、魚尾的造型出現。

疾病、巫術等會給予制裁。但是到了梵書時代，伐樓那在萬神殿中的主導權已不復存在，神權大幅削弱，但水神的神性依舊，只是與掌管司法的關聯日趨模糊。

相傳在諸神創造黑天女卡莉時，伐樓那給了黑天女卡莉雙腳和繩索，黑天女大戰牛魔王馬希沙所用的繩索，就是伐樓那所贈。史詩《摩訶婆羅多》裡的英雄阿周那，也曾獲得伐樓那贈送的繩索、弓箭和戰車，讓阿周那可以順利到達天界。

伐樓那小檔案

配偶	伐樓尼
法器	繩索
坐騎	海獸摩羯
神職	水神、司法神
出處	《梨俱吠陀》

密多羅 Mitra · मित्र

密多羅是個古老的神祇，在雅利安人時代就備受尊崇。在吠陀神話中，密多羅也是太陽系諸神之一，雖然沒能像伐樓那權傾一時，但兩者的神職頗多雷同，也經常同時出現，因此被稱為對偶神。從密多羅的發音來看，有學者認為祂後來發展成佛教的未來佛彌勒菩薩。

▶ 在印度教中，密多羅和伐樓那是對偶神，兩者的形象常混同。

密多羅小檔案

神職	契約之神
出處	《梨俱吠陀》

體與個體、人為的與自然的，因此兩者是對偶神。

密多羅信仰淵遠流長，隨著雅利安人的遷徙，神蹟遍及現今南亞、中東和歐洲，不僅受到印度人崇拜，在拜火教尚未崛起前，象徵太陽、正義、契約和戰爭的密多羅還是密斯拉教的主神之一，也是波斯人的主要信仰。雖然大多數的波斯國王都是拜火教信徒，但一般民眾和貴族不乏密斯拉教的信徒，於是拜火教最後也吸收了密多羅。密斯拉教在公元二、三世紀時的羅馬帝國也盛極一時，是基督教的強大對手。

伐樓那在吠陀神話中是司法神，其對偶神密多羅則是和司法相關的契約之神。兩人一起置身於空界（天地之間的空間），使蒼穹和太陽得以聯繫，並一起維護天界和空界，讓日出和日落得以天天順利運行。太陽運行規則，萬物得以滋生，而維護規則就是密多羅的職責，所以被視為契約之神。密多羅嚴懲罪惡，教導世人社會運作和道德規範，並且愛好和平，對人類友善，保護世人並給予財富，因此也被看成是友誼之神。

密多羅和伐樓那同樣都具有司法職能，兩者常混為一談，但有時也區分為良好與不良、右與左、東與西、日與夜、夏與冬、火與水、可見的與不可見的、集

▶ 在亞歷山大東征後，密多羅成為波斯人密斯拉教的主要信仰，甚至被吸收成為拜火教的主神之一。這個時期的密多羅以「殺牛者」形象聞名。（英國倫敦大英博物館）

雙馬神 Asvins · अश्विन्

雙馬神是印度神話中的雙胞胎兄弟神，祂們的神職在吠陀中頗爲籠統，或說祂們象徵黎明和星光，或說祂們是天神的醫者。兩兄弟行動敏捷，只要求助者向上天呼喚，祂們就會立刻趕到。這種聞聲救苦的精神，據說就是佛教觀世音菩薩及藏傳佛教馬頭觀音的原型。

雙馬神是太陽神蘇利耶之子，蘇利耶的妻子是巧妙天之女薩拉由妮。她嫌棄蘇利耶長得醜，在生下閻摩和閻蜜這對龍鳳胎後就離家出走了。蘇利耶爲了追回妻子，變成一匹馬，發誓跑遍天下也要找回妻子，薩拉由妮受到感動，於是和蘇利耶重修舊好，後來生下了雙馬神這對雙生子。

天將破曉之時，黎明女神烏莎斯會喚醒雙馬神兩兄弟，讓祂們乘坐由三匹馬拉的金車，跟隨太陽神蘇利耶巡行天際，祂們的速度比人類的念頭還要快，一天就能遍行宇宙。祂們賜予雅利安人財富、子女、光明、幸運以及長壽，而根據吠陀的記載，祂們也是醫術高超的醫者，能讓盲者復明、殘者復全、溺者得救、老女得子。

雙馬神是兩個身穿華服、頭戴花環的金髮美少年，其快速、聞聲救苦、治病的形象，有學者認爲佛教的觀世音菩薩就是從雙馬神演變而來；而和印度接壤的西藏，也有馬頭觀音的信仰，藏人相信馬頭觀音是觀世音菩薩的忿怒尊，祂誓願破除一切魔障，斷絕無明世界的諸惡根，消除六道眾生的老病死苦，以及拯救墮入畜生道的眾生。被奉爲六觀音之一的馬頭觀音，其信仰也傳到日本，被視爲家畜的守護神。

在史詩《摩訶婆羅多》裡，般度五子都是天神之子，其中老四無種和老五偕天就是雙馬神的兒子，這兩人跟祂們的父親一樣都是雙胞胎。

▼馬頭明王消滅盜取吠陀的阿修羅。雙馬神的概念，在印度教中逐漸演變成馬頭明王，到了藏傳佛教則成爲馬頭觀音。（柬埔寨吳哥遺跡女皇宮）

馬頭人身 •

• 經書

胸飾 •

• 天衣

▲雙馬神是一對俊美的雙生子，醫術高超。馬面人身是他們的特徵，但現在祭祀的信徒很少，已經很難看到他們的造像了。

雙馬神小檔案

配偶	蘇里婭
子嗣	般度王子無種、偕天
神職	醫神
出處	《梨俱吠陀》

太陽神 Surya · सूर्य

太陽神蘇利耶生於天神家族，出生時長得像一坨肉團（身高和體寬相當），沒能立刻獲得天神之位。祂的兄長因陀羅、毗濕奴、伐樓那、密多羅，看到么弟的怪模樣，就拿起刀子動手改造，將蘇利耶改造成凡人模樣，而削下來的肉就成了大象。

▲ 駕著馬車的蘇利耶，身後有一輪光圈象徵日光。（柬埔寨吳哥寺）

蘇利耶個頭矮小，兩隻眼睛火紅，且全身放光。祂乘著七匹馬所拉的車子，巡行天際驅逐黑暗，為世界帶來光明，同時也為世人帶來活力及給予火種。祂每天盡職地按照規律的路線運行，束縛住天和地，使天地長久穩固，是吠陀時期重要的神祇。

蘇利耶有數個妻子，黎明女神烏莎斯就是其一。巧妙天的女兒薩拉由妮也是祂的妻子，但她嫌棄蘇利耶的長相，在生下閻摩和閻蜜兄妹後，就幻化出一個和她一模一樣的替身桑吉耶，然後離家出走。太陽神蘇利耶和桑吉耶又生了三個孩子，老大叫做摩奴，是人類的始祖，老二是土星沙尼，老三是塔帕蒂。

在史詩《羅摩衍那》中，蘇利耶是夾在羅刹王和哈奴曼之間的委屈角色，為了不讓羅摩軍隊有休養生息的時間，羅刹王命人將熟睡中的蘇利耶抓來，強迫祂提早開工，蘇利耶因為這樣會破壞大自然的秩序而拒絕，但在羅刹王強橫的威逼下，蘇利耶只好委屈提早日出。

這卻惹惱了哈奴曼，為了尋找救命仙草，他已經嫌時間不夠用了，蘇利耶卻在此時提早開工。於是哈奴曼將蘇利耶拽在腋下，連同喜馬拉雅山，一起奔回楞伽島。這是蘇利耶的大糗事，卻顯露出神猴哈奴曼的神通廣大。

蘇利耶小檔案	
配偶	黎明女神、薩拉由妮、桑吉耶
坐騎	飛天馬
子嗣	死神閻摩、閻蜜、雙馬神、原人摩奴、土星沙尼、塔帕蒂
神職	太陽神
出處	《梨俱吠陀》

▶ 太陽神蘇利耶，駕著七頭馬車，每天繞行天際，帶來光明。

因陀羅 Indra · इन्द्र

因陀羅是吠陀神話中最強大、地位最高的神祇，祂是吠陀時代的天帝，但地位在吠陀後期開始式微，到了往世書和敘述詩的時代，淪為只駐守在東方的天王，不過祂雷電之神及戰神的形象明確，是率領天神和阿修羅征戰的頭號戰將。在佛教裡，祂被尊稱為帝釋天，屬於護法神天龍八部之一的「天眾」。

在吠陀的神話故事中，因陀羅是仙人迦葉波和阿底提之子，他是從阿底提的腋下出生，靠著喝蘇摩酒長大。因陀羅力大好戰、性格狂猖豪邁，他的故事幾乎都和修羅妖魔的征戰有關，因此被視為吠陀諸神中的頭號戰將，同時也是伴隨雲雨的雷電之神，因此也象徵豐饒。由於連續打敗阿修羅、巨蛇弗栗多、旱魔夫利特，戰功彪炳，祂也成了諸神的天帝。

因陀羅外表神勇偉岸，皮膚和毛髮都是深褐色，拿手武器是金

因陀羅的法器是金剛杵

以白象為坐騎

▶天帝因陀羅騎著象徵吉祥的白象、執著金剛杵，英姿勇武。（柬埔寨吳哥遺跡女皇宮）

剛杵，駕著由兩匹神駒拖曳的黃金戰車，在風神摩祿多兄弟的幫襯下四處征戰。剛出生不久，因陀羅就能以神力使箭，射穿二十一座山，殺死偷走獻祭糧食的妖魔埃穆沙。在天神與阿修羅征戰的千年中，阿修羅王商波羅總是以弄瞎敵手的眼睛取勝，因陀羅神勇地肉搏商波羅，最後將他推落懸崖，並摧毀商波羅的九十九座城堡。

擊敗妖魔波尼奪回奶牛，也是因陀羅的功績。與旱魔夫利特一役，解救塗炭的生靈，更是祂庇護人類的偉業。擊敗阿修羅中最強大的那车質，是祂遭盟友背叛的不得已，原本因陀羅和那车質是聯盟關係，彼此發誓不管白天或夜晚，在水中或陸地，用乾的武器或濕的武器，誰也不能擊殺誰，他們做了很長時間的盟友。但那车質卻在一次聚會中，將害人酒醉的修羅酒摻入蘇摩酒中，讓千杯不醉的因陀羅酩酊大醉，還喪失了神力。在眾神建議下，因陀羅巧妙地規避了誓言，往金剛杵上抹了一層海水的泡沫，在黃昏時刻的海岸邊，殺死了那车質，喝下他的鮮血，因陀羅才恢復神力。

▲因陀羅是雲雨雷電之神，圍繞著頭部的雲，也是在眾神中辨識出因陀羅的重要線索。（印度淡米亞納督邦堪奇普藍神廟）

在佛教中，因陀羅成爲護法神帝釋天，在佛陀降生時，祂和大梵天分侍左右，最重要的任務便是保護佛陀，維護佛法的傳播。祂是忉利天之主，是天上和人間的道德維護者，天神違規祂便給予懲罰，人間出現暴君也是由祂出面制裁。

印度九月都會舉行盛大的因陀羅節，信徒先舉行豎立因陀羅旗桿的儀式，再戴上面具載歌載舞狂歡八天，最後放倒因陀羅旗桿，並抬到河邊燒成灰燼，將之獻給偉大的因陀羅。

因爲嗜酒和衝動的個性，因陀羅也曾犯下嚴重的罪行，祂殺害了祭司毗薩魯帕，爲了贖罪而自我放逐。失去天帝的三界從此混亂不堪，最後天神決定讓勇武過人的凡人友鄰王繼承因陀羅的天帝位置。友鄰王原本是個勤政愛民的好國王，但在得到無上權力後開始縱情聲色，還看上了因陀羅的妻子舍質。

悲憤的舍質祈求夜神幫她找回丈夫，夜神帶著她穿越莽林、途經雪山，最後終於在一個湖泊的蓮花藕節中找到垂頭喪氣的因陀羅。因陀羅對哭泣的舍質說，友鄰王被天神賦予了強大的法力，祂已無法打敗他，於是祂們決定智取。舍質假意委身友鄰王，在迎娶過程中，友鄰王得罪了仙人，受到詛咒成爲一條蛇，並喪失所有的力量，因陀羅最後才在眾神的鼓勵下重返天庭。

因陀羅小檔案	
配偶	舍質
法器	金剛杵
坐騎	白象
神職	吠陀天帝、雷電神、戰神
出處	《梨俱吠陀》

寶冠

臂釧

象徵婆羅門的梵線

衣袍

▶立姿的因陀羅。（印度淡米亞那督邦堪奇普藍神廟）

月神 Soma・सोम

印度月神蘇摩，是從蘇摩酒神格化而來。蘇摩酒是天神最愛喝的飲料，祭祀時祭司會用碗盛著蘇摩酒向天祭禱。蘇摩酒是黃色的，盛在碗中就如同天上的明月，因此神格化之後就成為月神和酒神。

身後有一輪新月象徵其身分

手持蓮花

以羚羊為坐騎

▲吳哥的月神，線條細膩柔和，坐在兩匹馬拉的車上，背後刻有光輪，象徵明月。（柬埔寨吳哥寺）

蘇摩酒是古印度祭祀必備的飲料，帶有迷幻成分，在祭典中祭司必須代表天神喝下，祭司會因蘇摩的迷幻成分而擁有神力或神通。於是月神蘇摩在吠陀時代，也和火神阿耆尼一樣掌管祭祀，是個非常重要的神祇。

在吠陀神話中，月神蘇摩是一個風流的翩翩公子，由於擁有掌管祭祀的大權，讓他恃寵而驕，竟然勾搭上梵主的愛妻陀羅，而陀羅也拋下梵主情奔月神。梵主念念不忘不忠的妻子，最後請岳父梵天出面，才讓陀羅回家。

陀羅回家後發現已懷有身孕，而生下來的兒子漂亮得令眾人驚豔，讓梵主和月神都搶著當孩子的爹。最後在梵天的逼問下，陀羅才怯生生地說孩子是月神的骨肉。得到兒子的月神高興極了，將小孩取名為布達，外公梵天也封他為火星的主宰。

結束了和陀羅的一段情，月神一口氣娶了達夏的二十七個女兒，也就是天上的二十七個星宿。但月神獨鍾最美麗的羅希妮，對其他二十六個妻子漠不關心，惹得老婆集體回娘家抗議，岳父達夏要他公平對待所有妻子，他卻多次爽言。最後達夏對月神下了詛咒，讓他染上重病。

月神日漸憔悴，光芒逐日消減，地上的植物跟著枯萎，動物也連帶遭殃。惶恐的天神請求達夏饒了女婿，為了顧全大局，達夏只好將詛咒減輕，從此以後，月神的身體就時好時壞、忽胖忽瘦，這就是月亮圓缺的由來。

月神小檔案

配偶	二十七星宿女神
神職	祭祀之神、植物保護神、酒神
子嗣	火星布達
出處	《梨俱吠陀》

閻摩 Yama・यम

佛道兩教的地獄之王閻羅王，都是脫胎自印度死神閻摩，據說祂是第一個最早踏上死亡之路的人。祂是太陽神蘇利耶之子，在古印度的最早形象並不可怕。

- 拘魂索
- 頭生火焰光，承襲火神的特質
- 金鎚
- 坐騎是黑牛，一說是水牛

▲12世紀的閻摩浮雕，騎著水牛。風格為吳哥寺式，1991年發現於泰國素林省的西可拉父石堡（Prasat Sikhoraphum）。（泰國素林省國家博物館）

相傳閻摩和雙胞胎妹妹閻蜜，是世界上最早的男人和女人，閻蜜想要繁衍子嗣，便要求與閻摩成為夫婦。閻蜜希望兩人不僅要在心靈上交流，在肉體上也要像夫妻一樣緊密結合，但閻摩因為這是兄妹亂倫，而拒絕了她的要求。這段故事在《梨俱吠陀》描述得相當露骨，是現代研究印度諸神複雜倫理關係的素材。

陰間的酷刑與青面獠牙的惡鬼描述，讓主宰陰間的閻摩成為令人心生怖畏的神祇。事實上，在

最初的印度宗教中，亡者國度是一片光明淨土，而賞善罰惡的審判工作也不是閻摩的職責，而是由火神阿耆尼在焚燒亡者遺骸時區分善與惡，並將惡予以淨化。後來宗教內容隨著時代演變，在人死後為其生前作為算總帳，才有了天堂與地獄之分；區分善惡的工作就從阿耆尼的手中，移交給了閻摩。

這種亡者審判越來越具體，也越來越陰森恐怖。印度的地獄後來被具體區分為二十八層，閻摩

也從最初為亡者帶路的角色，變成一個穿著紅衣、陰著一張青綠臉孔、瞪著瞳鈴大眼、騎著黑牛的恐怖大王，手拿著拘魂繩索套住死者脖子，拖回陰間審判。

審判亡靈時，閻摩的助手會拿著記錄此人一生功過的本子，讓閻摩決定此人是要留在地獄接受殘忍酷刑，還是送到天上享福，或再度輪迴到人間。此一職司被佛教和道教借用，閻羅王從此成為帶有警世意味的陰間審判者。

閻摩小檔案

法相	大眼、綠色臉孔
坐騎	黑牛
法器	拘魂索
出處	《梨俱吠陀》

阿修羅 Asura · असुर

阿修羅又稱爲修羅，是一群追求力量、性好爭鬥，具有像天神一樣強大法力的神族。在一般印象中，阿修羅代表的是邪惡的力量，但印度神話中的阿修羅和天神卻是同父異母的兄弟。

阿修羅與天神的母親是親姊妹，彼此之間的血緣關係相當親密。阿修羅族的父親是梵天之孫迦葉波，母親是天神之母阿底提的姊姊「底提」。在印度神話中，阿修羅族曾是掌管道德及秩序的神祇。但隨著後來的神話發展，天神和阿修羅兩者已形同雲泥之別。在往世書時代，阿修羅和天神開始被明確劃分成惡神和善神，在《薄伽梵歌》的描述中，阿修羅族更成了帶著魔性的神族，代表傲慢、自負、妄想、狂怒、嚴肅以及無知。

在印度神話中，阿修羅曾數次擊敗天神占領天界，將天神趕下凡間，讓天神和凡人一樣辛苦的生活。幾個著名的阿修羅，包括乳海攪拌時喝了甘露的羅睺、讓天神淪落凡間的牛魔王馬希沙、曾經擊敗天神的阿修羅王多羅迦；而史詩《摩訶婆羅多》裡的俱盧族，被視爲毗濕奴化身之一的黑天，都被認爲是阿修羅族的轉世。

由於乳海攪拌後天神獨占甘露，擁有了阿修羅所沒有的神力，雙方實力從此拉開，阿修羅族也從天界被趕到深海底下。從此天神和阿修羅彼此征戰不休，阿修羅也因而被看成是天神的仇敵。例如，吠陀時代的天帝因陀羅因爲數次擊敗阿修羅，才擁有天帝的地位。

阿修羅族有男有女，外表落差極大，有的身形優美、容貌端正，有的則是醜陋到令人畏懼。但是女性阿修羅通常都長得很漂亮，不少阿修羅女嫁給天神或人間的英雄。此外，不管是男阿修羅或女阿修羅都是彈琴高手，所用的琴特稱爲「阿修羅琴」，阿修羅想要聽什麼樣的曲子，就能夠從阿修羅琴中自然流洩出來，這是阿修羅族與生俱來的福報。

佛教認爲阿修羅的果報殊勝，雖然長相凶惡醜陋，生活卻有天人般享受。但因爲「身行微惡、口行微惡、意行微惡、起憍慢、起我慢、起增上慢、起大慢、起邪慢、起慢慢、迴諸善根」，所以淪爲惡神。也就是說，過去雖然沒做什麼大壞事，但是身、口、意都帶著惡念，心性驕傲且容易心生嫉妒心，所以才會有此下場。

相較於印度教，佛教對阿修羅的看法更爲寬容，阿修羅甚至成了護法神，是天龍八部中的一部眾生。佛教認爲阿修羅「福如天

▲印度的宇宙觀也深深影響泰國文化，在曼谷機場的出境大廳，就設有金碧輝煌的「乳海攪拌」雕塑。阿修羅和善神在毗濕奴的監督下，攪拌乳海求取不死甘露。（泰國曼谷蘇凡納布國際機場）

▲阿修羅像。在柬埔寨，吳哥城門前橫跨護城河的大橋，也以「乳海攪拌」為主題，描繪阿修羅與善神執著蛇，攪拌乳海。右側的是阿修羅，左側的是善神。（柬埔寨吳哥城）

人」，但是「德非天人」，基本上仍屬於天界眾生，比起人間界的凡人還是更勝一籌。在比六道劃分得更細密的十法界中，阿修羅生活在「阿修羅界」；而會投身到阿修羅界，是因為起了極瞋恨心（即生了極大的憤怒之心，至死都不肯放下，但福報又很大的人，才會投生到阿修羅界）。

雖然生在阿修羅界，但是阿修羅的生活享受可不比天人遜色。根據佛教《起世經・阿修羅品》的記載，阿修羅王所居住的宮殿是「外有七重多羅行樹，周匝圍繞，雜色可觀，乃至硨磲瑪瑙等七寶所成，於四方面各有諸門，彼一一門悉有樓櫓臺觀，卻敵重閣，園苑諸池，眾花泉沼，有種種樹，其樹各有種種葉，種種花，種種果，種種香熏，復有種種異類眾鳥，各各和鳴，其音哀雅，甚可愛樂」。

▶獠牙是阿修羅的辨識特徵。（印度淡米亞那督邦）

• 獠牙

梵主 Brihaspati · बृहस्पति

梵主是祭壇的神格化象徵，是天神的祭司也是導師，在印度神話中是高潔、正直的存在，被視爲諸神的神聖之力。到了吠陀後期，梵主成了木星之主，專司祭祀。

梵主是吠陀神話主掌祈禱和祭祀的神明，有光潔照人的金色皮膚、七張嘴、七道光芒以及一百隻翅膀。當祂用響亮悅耳的聲音主持祭祀時，人神都會爲之虔誠攝心。梵主坐在馬車上巡曳天際、賞善罰惡，隨身法器是弓箭、金斧和鐵斧，祂用雷電和陽光掃除黑暗，使萬物萌現，賜給世人財富和子嗣，對獻祭者和歌頌者慷慨友善，對詐欺和敵對者毫不留情。

除了精於祭祀外，梵主本身也是個戰無不勝的勇士，還是戰神塞犍陀的老師，曾多次與因陀羅、暴風神兄弟攜手對抗魔怪。在因陀羅殺害祭司毗薩魯帕而自我放逐的那段時間，梵主伸出援手保護因陀羅的妻子舍質，使她免於遭到友鄰王的輕薄，並獻計舍質讓她假裝同意和友鄰王結婚，以爭取尋找因陀羅的時間；而當火神在蓮藕節中找到因陀羅時，也是梵主前往說服因陀羅重新振作，出面保護自己妻子的貞節，並舉行馬祭獲得救贖。

梵主雖然救了別人的妻子，卻對自己妻子紅杏出牆，和月神蘇摩私奔一點辦法都沒有。梵主對妻子陀羅用情極深，但陀羅嫌祂木訥無趣，當英俊幽默的月神出現在陀羅面前，陀羅立刻爲了月神而離家出走，不論梵主如何低聲下氣哀求，她就是不肯回家。以因陀羅爲首的天神同情梵主的處境，決定對月神開戰，但背後有太白金星當靠山的月神，一點也不在乎。

最後還是由陀羅的父親梵天出面，陀羅才心不甘情不願地跟著梵主回家。陀羅返家後不久就生下月神的孩子，但梵主對妻子仍一往情深。

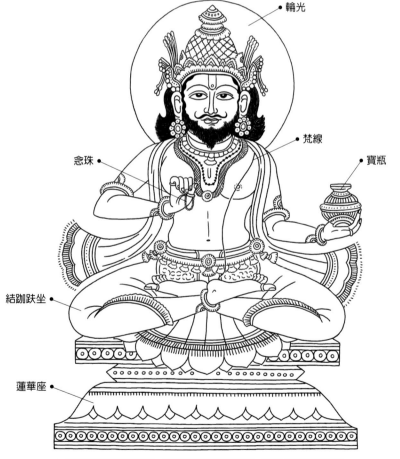

輪光

梵線

念珠

寶瓶

結跏趺坐

蓮華座

▲今日所存的梵主造型，已轉變爲左手托寶瓶、右手持念珠的模樣。

梵主小檔案

法相	金膚、七嘴、百翅
法器	弓箭、金斧、鐵斧
配偶	陀羅
神職	祭祀之神
出處	《梨俱吠陀》

飛天女神 Apsaras · आप्सरस

飛天女神是乳海被攪拌時，從乳海中出現的寶物。她們原本居住在水邊或森林中，後來進入天界萬神殿，成爲天庭樂師乾闥婆的妻子，伴隨著乾闥婆的樂聲翩翩起舞。

▲柬埔寨吳哥遺跡的飛天浮雕，創作於十二世紀末。風格深受印度影響，被耳環拉長的耳垂是其特徵。（柬埔寨吳哥遺跡巴戎寺）

飛天女神個個嬌豔非凡、風情萬種，在乳海被攪拌時，她們從乳海中緩緩升起，眾神雖驚訝於她們的美貌，卻沒有人願意接受她們，於是她們就屬於所有人。飛天女神情欲奔放，苦行僧是她們最喜歡的誘引對象，因爲苦行的緣故，修行人身上會凝聚相當強的能量，最能滿足飛天女神的情欲。

苦行者那羅和那羅延因爲貫徹嚴格的苦行，讓天帝因陀羅憂心他們的力量將來會強過自己，於是就派了梅娜佳、蘭芭、蒂羅達瑪、蘇凱西尼等飛天女神，前去誘惑兩位苦行僧。沒想到暴露的衣著、妖魅的舞蹈，對那羅和那羅延根本不起作用，那羅延還開玩笑地在自己大腿上畫了一個飛天女神，這便是豔冠群芳的廣延天女。

廣延天女和呼洪王的愛情故事在印度家喻戶曉，是飛天女神和凡人相戀的經典傳奇，最後呼洪王拋下王位，成爲天庭的乾闥婆，兩人終於長相廝守。

飛天女神情欲奔放、自由自在的生活態度，對印度保守的種姓社會無疑相當誘人。古印度社會還流行一種稱爲乾闥婆婚戀的方式，就是男女雙方只要看對眼，性契合度都能滿意，便可自由戀愛、自由結婚。在種姓嚴格的禮教下，乾闥婆婚戀卻意外地沒有受到歧視，爲保守的印度添增了不少浪漫故事。

▼飛天誕生自乳海攪拌濺起的水花霧氣，身形婀娜、舞姿曼妙。這尊飛天像是十二世紀初期的印度作品，精緻細膩的雕工，展現了印度文明的發展高度，其豐胸細腰的特徵，也體現了印度文化的審美觀。（美國紐約大都會博物館）

乾闥婆 Gandharvas · गंधर्व

乾闥婆是一種半神半人的男性精靈，在吠陀時代，他們是天帝因陀羅的天庭樂師和僕從。到了佛教殿堂，乾闥婆則成為護法神的天龍八部之一。

▲在吳哥遺跡中，可以見到十世紀晚期，乾闥婆為天神奏樂的雕刻。（柬埔寨吳哥遺跡女皇宮）

相傳天帝因陀羅和其他神祇，為了不讓人類沉淪在聲色娛樂中，便向梵天祈求，希望能夠讓人類的心靈淨化提升，於是梵天同意透過乾闥婆將音樂流傳到人間，從此音樂便成為人與神溝通的橋梁，乾闥婆也成為人與神之間的信差。

乾闥婆不食酒肉葷腥，而以香氣為食，身上散發著一股香味。當天帝因陀羅想聽音樂時便會焚香，乾闥婆就會聞香而來娛樂天帝。由於香氣和音樂都是虛無縹緲，因此印度人也將海市蜃樓稱之為乾闥婆城。

緊那羅和乾闥婆同樣都是天庭樂師，但不像乾闥婆全為男性，而是有男有女。男性的緊那羅長得馬首人身或人首馬身、擅長音樂，女性的緊那羅相貌端正、精於舞蹈，而且女緊那羅通常都和乾闥婆成為伴侶。

乾闥婆和緊那羅因為神職類似，後來在印度教中就慢慢合而為一，成為精通歌舞藝術的飛天。在後來的文學創作和藝術表演中，為了有所區隔，便將吠陀時代在天庭奏樂的乾闥婆，稱為天宮樂伎；會音樂又會舞蹈的飛天，就叫做飛天樂伎。在敦煌發現的飛天女神壁畫，優雅脫俗不食人間煙火，她們雖源自印度，但已是印度、西域和中原文化的新產物，形象更貼近於中國道家的仙女。

乾闥婆和緊那羅到了佛教殿堂，則成為護法神天龍八部中的兩個部眾，負責保護虔誠的善男信女，為他們消災降福、招財進寶，外型也大為美化了。

濕婆

緊那羅

雪山女神

乾闥婆

乾闥婆

▲在吠陀時代，乾闥婆原本是因陀羅的樂師，演變到後期，不再專屬於因陀羅，各主要神祇的身邊都能見到乾闥婆的蹤跡，隨侍在天神左右。（印度淡米亞那督邦旁帝切里神廟）

暴風神 Maruts・मरुत्

風有各種不同的面貌，微風、狂風、颱風、暴風、龍捲風……，對自然界觀察入微且充滿想像力的印度人，因此認為風神不只一人，於是創造了一群暴風神。至於他們的身世，一說是風神伐由之子，一說是暴風雨神樓陀羅之子。

▲暴風神是一群頑皮嬉鬧的孩童，代表各式各樣的風。

樓陀羅之子，樓陀羅在吠陀神話中的角色較為模糊，有時是暴風雨神，有時被認為是荒神，有時則成為治療之神，隨著神話不斷演變，樓陀羅最後成為印度教的破壞神濕婆，是印度教的三大神之一。

暴風神每次登場，幾乎都伴隨著雷電神因陀羅，在因陀羅斬殺妖魔時，還充當前鋒搖旗助威。相傳阿修羅之母底提希望能生一個力量比天神還要大的兒子，因此懷孕百年仍不願產子，因陀羅於是用閃電將尚未出生的孩子劈成了四十九塊肉，雪山神女看了覺得不忍，要求濕婆出手相救。

於是濕婆將祂們造成四十九個年紀相同、長相也差不多的男孩，祂們全身紅通通如同火焰一般，身穿金甲，佩戴金飾，拿著金斧、弓箭、刀槍，乘著馬車呼嘯天際。當祂們發怒時，會像猛虎般咆哮，天地為之昏暗；而當祂們息怒時，卻又像小孩子般戲耍，讓人摸不著頭緒。

▲伴著雷電之神因陀羅的暴風神。

暴風神的數量在不同時期有不同說法，有七、二十一、四十九、一百八十等等組合，在吠陀神話中可以見到的名字，包括伐由費伽、伐由婆羅、伐由伽、伐由曼陀羅、伐由耆婆羅、伐由里陀師、伐由恰耆羅，代表不同的風。祂們沒有長幼之分，像是多胞胎一樣出現在神話故事中。風神伐由在神話中的地位，是指各種風的總攝，而暴風神則是指不同形式的風，因此暴風神就像是伐由的孩子一般。

一般認為，暴風神是暴風雨神

暴風神小檔案

法相	全身火紅的一群青少年神
法器	金斧、弓箭、刀槍
出處	《梨俱吠陀》

廣延天女 Urvashi • उर्वशी

廣延天女是最美麗的飛天女神，她與人間英雄呼洪王的愛情故事引爲美談，這個故事的原始形式在古老的《梨俱吠陀》中就已經以詩歌的形式出現了。

▲ 廣延天女看見了裸體的呼洪王，不得不離開。印度畫家萊迦（Raja Ravi Varma, 1848-1906）繪。

廣延天女一說是梵天之女，一說是那羅延仙人的傑作，她的美麗令天神也爲之屛息，伐樓那和密多羅都曾與她相愛。在她墮入凡間後，嫁給了人間英雄呼洪王，並和呼洪王約定絕對不能在她面前裸體，如果違反約定，她就要返回天界。

婚後兩人恩恩愛愛，讓天上的乾闥婆相當吃味，他們知道廣延天女最喜歡兩隻小羊，就連睡覺都要把牠們拴在床邊。一天夜裡，乾闥婆設計偷走小羊，聽到廣延天女大聲驚呼，呼洪王顧不得自己沒穿衣服，趕緊下床追羊，廣延天女一看到光溜溜的呼洪王，二話不說立刻返回天界。

失去愛妻的呼洪王，拋下國家四處尋妻，後來在湖邊看到一群正在嬉戲的天鵝，他立刻認出其中一隻就是廣延天女，流著淚向廣延天女訴說他的思念。廣延天女不忍心，就跟呼洪王說，若想要長相廝守，可向乾闥婆表明心意。於是呼洪王找到乾闥婆，乾闥婆給了呼洪王一個聖火之缽，要呼洪王用這個聖火向乾闥婆獻祭，後來呼洪王如願成爲天庭樂師乾闥婆，在天界和廣延天女再續前緣。

但飛天女神多情的天性，讓廣延天女在般度族王子阿周那（因陀羅之子）小住天界時，又愛上了英挺偉岸的阿周那。阿周那心想呼洪王和廣延天女是他前幾世的祖先，當下驚恐拒絕。廣延天女於是詛咒阿周那成爲閹人，再也不能跟其他女人歡愛。因陀羅當然不可能讓兒子受到這樣的傷害，於是降低詛咒威力，只讓阿周那失去性能力一年，並可以自由選擇何時開始。後來在般度族藏匿摩差國期間，阿周那讓自己成爲摩差國的後宮太監。

廣延天女小檔案

配偶	呼洪王
子嗣	月亮王族國王阿逾娑
出處	《梨俱吠陀》

工巧神 Tvastar・त्वाष्ट्

工巧神陀師多是天界的能工巧匠，也稱爲建築之神，祂同時也是蘇摩酒的掌管者。工巧神的形象和故事，經常和天界另一巧將巧妙天互相雜揉，兩者常被視爲一體，或混爲一談。

天界美輪美奐的宮殿、神界的無敵兵器，很多都是出自工巧神之手。例如因陀羅從不離身的神器金剛杵，以及祂用來痛飲蘇摩酒的酒盅，都是工巧神的傑作。這兩人的關係原本相當緊密，但在因陀羅殺死工巧神的兒子後，兩人的關係就急轉直下了。工巧神的妻子是阿修羅族，兩人育有一子一女，兒子薩魯帕有三顆頭、三張嘴和六個眼睛，雖然形貌怪異，但智慧非凡，而且還是一個虔誠的修行者，曾經擔任天神的祭司。

在天神和阿修羅的第一次戰鬥中，薩魯帕因爲是阿修羅女所生，因陀羅對祂並不信任。因陀羅本想用飛天女神引誘薩魯帕放棄苦行來解除祂的神力，但薩魯帕不爲美色所誘，因陀羅於是親自動手殺死了薩魯帕。

工巧神對於兒子的枉死，悲痛萬分，因此對因陀羅懷恨在心。有一天，工巧神請了幾名天神到家裡來喝蘇摩酒，沒想到因陀羅不請自來，還大碗大碗地喝光蘇摩酒，醉到連毛孔都流出珍貴的蘇摩酒來。

工巧神覺得因陀羅實在欺人太甚，盛怒之下就用精湛的手藝，加上蘇摩酒和火，創造出巨蛇弗栗多。這隻巨蛇堵住河道喝乾河水，天界和人間界都爲之震撼，工巧神還用神力讓巨蛇拚命長大，吞噬的東西不勝其數，惶恐的天神不得不請因陀羅出手解決。

巨蛇威猛凶狠，因陀羅與之對戰時，還曾不小心讓巨蛇給吞進肚子裡，最後因陀羅雖然給了巨蛇致命的一擊，但巨蛇死亡前的怒吼，也讓因陀羅爲之膽寒。

▼現代印度常見的工巧神（巧妙天）造型。

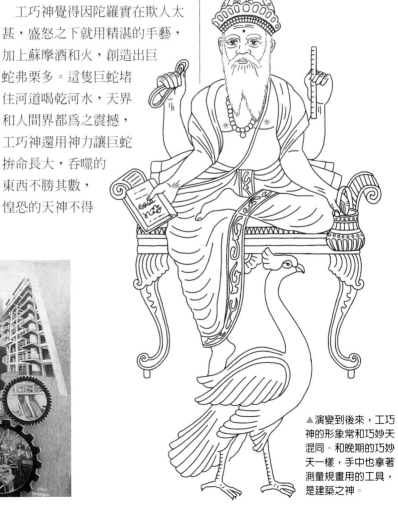

▲演變到後來，工巧神的形象常和巧妙天混同。和晚期的巧妙天一樣，手中也拿著測量規畫用的工具，是建築之神。

金剛杵 Vajra · वज्र

金剛杵的形象類似閃電，被視為是工巧神陀師多為雷電神因陀羅量身打造的兵器。發源自印度的金剛杵，在藏傳佛教中占有重要地位，象徵破除魔障與煩惱之心。

在印度神話中，金剛杵總是伴隨因陀羅出現，是因陀羅用來降服魔怪的最終武器；此外，暴風神兄弟和暴風雨神樓陀羅，在作戰時也曾用過金剛杵，這和暴風雨中經常伴隨閃電有密切的關係。因陀羅的金剛杵被描繪成一根帶有一百顆或一千顆尖釘的金屬棒，據傳釋迦牟尼佛從帝釋天（即因陀羅）手上接過金剛杵後，將杵的兩端往內折，讓金剛杵從降魔武器一下變身為象徵和平的王杖。

隨著因陀羅在印度教地位逐漸式微，金剛杵在印度漸漸喪失其重要性。但隨著藏傳佛教在全球的知名度大開，這種帶有神祕感的密宗法器也跟著廣為人知。此外，在佛教的咒語中，縛日囉、伐折囉指的都是金剛杵，隨著咒語的誦念都帶有降魔的作用。

金剛杵和金剛鈴是藏傳佛教修法時所不可或缺的重要法器，密宗上師以右手持金剛杵，左手持金剛鈴修法。金剛杵象徵堅固，代表佛智堅固不壞，對內能夠降服眾生無明煩惱、愚痴妄想等內魔；對外可以破除外道諸邪、魔障等外境，也就是摧毀一切障礙之意。金剛鈴象徵法音和法樂，搖鈴有請神和攝心等作用，清脆的鈴聲是法會請神的重要傳媒，同時也能讓與會眾生攝心。

金剛杵從選材、製作、種類和意涵，在密宗典籍裡都有詳細記載。金剛杵的長度有一定規格，分為八指、十指、十二指、十六指和二十指；形狀則有獨股、二股、三股、四股、五股、九股，以及人形杵、十字（羯磨）金剛杵、塔杵、寶杵等區別。

金剛杵的股數各有深意。一股表示一真法界；三股代表身、口、意三密平等；五股是五智五佛之意，而中間的那一股則代表佛的實智，外圍四股表示佛的權智，外圍四股向內股彎曲，表示權智最後必歸於實智。掌握五股金剛杵，就等於是安住在佛的金剛智德之下了。

舉行不同的儀式、修不同的法，所用的金剛杵都不一樣。一般的日常修法誦經，或修佛部、蓮華部，用的都是獨股金剛杵。恭請神明加持，用的是三股金剛杵。特別針對某事所修的密法，或是修持金剛部的法門，用的是五股金剛杵。如果是修大威德明王法，那就要用上九股金剛杵。

製作金剛杵的材質，主要是金、銀、赤銅、鐵、錫五種合金。根據記載，最早的金剛杵是用天鐵（隕鐵）製成，亦即從隕石中淬煉出來的鐵質。古人相信

▲藏傳佛教的金剛杵，被做成可以佩戴在身上的小飾品，隨身辟邪、祈福。

▲女神手上拿著金剛杵。（印度奧利剎邦布尼希瓦）

隕鐵從天墜落時，已經過天神考驗，用隕鐵製成的金剛杵必定具有非凡神力。據《蘇婆呼童子請問經》記載，因為所修密法不同，金剛杵也會使用砂石、金銀銅混合、人骨、水晶、柳木、紫檀木、白檀木、泥、害人木、苦練木、天木、無憂木、加檀木等各種材質。

俱毗羅 Kubera・कुबेर

俱毗羅在吠陀時代是生活在陰暗處的夜叉鬼王，但到了印度教時代，因為歷經數千年的苦行，所以被提升到眾神的行列，成為北方的守護神及財神。

原為陰間差役的俱毗羅會成為財神，據傳是因為他在過去是個盜賊，有一次到濕婆神殿行竊，他拿著蠟燭到處伺機而動，蠟燭卻動不動就熄滅，俱毗羅必須不斷重新點燃蠟燭，沒想到點燭也算是積行功德，所以來世就升格為財神了。

身為財神的俱毗羅，一身珠光寶氣自不在話下，不過面貌仍維持著夜叉的醜陋樣子。祂乘著由工巧神為他打造的巨大飛車，到處遍撒金銀珠寶，這跟夜叉的恐怖形象截然不同。此外，俱毗羅也是印度教中的北方守護者，祂和祂的夜叉神將一起住在喜馬拉雅山，守護著巨大的財富，並負責維持北方的安寧。

▲俱毗羅被佛教吸收成為鎮守北方的多聞天王，以傘為法器。（臺南大天后宮）

珠寶綴飾的胸飾和纓絡

施無畏印

拉車的駿馬

頭戴華麗的寶冠

裝飾繁複的耳環

吐寶鼠

▲身為財神，俱毗羅一身珠光寶氣，連耳環都比別人華麗。

後來佛教也吸收了俱毗羅的形象與神職，成為四大天王（也稱四大金剛）之一的北方多聞天王毗沙門天，率領夜叉的八大神將守護眾生界，而多聞天王同時也保有原來的財神身分，可令樂善好施者得以生活不虞匱乏，又稱為財寶天或施財天。在中國，毗沙門天既是佛教的財神也是戰神；在日本，則是七福神之一，是幫助庶民致富的善神。

多聞天王在中國還有個「顯聖」事蹟。相傳唐明皇有一次因為長安被圍，於是請密宗大師不空作法，開壇沒多久，多聞天王果然大放光明現身，連同祂帶來的神兵神將個個一身金甲、威猛非凡，嚇得敵軍落荒而逃。唐明皇為感謝多聞天王下凡相助，於是通令全國寺廟設置多聞天王像，此後多聞天王也成了中國軍營的守護神。

俱毗羅小檔案

坐騎	黃金飛天馬車
神職	夜叉之王、財神、北方守護神
出處	《梨俱吠陀》

黎明女神 Ushas · उषस्

烏莎斯是吠陀神話最美的女神，象徵黎明的霞光。她以萬丈霞光為衣，永遠光彩奪目，由於每天重生，因此也永保年輕，如同純潔的少女。

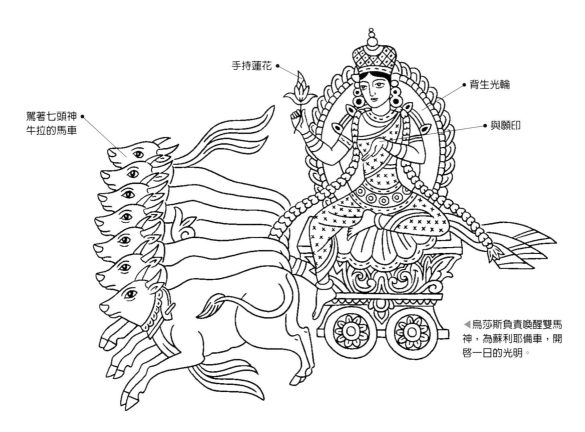

手持蓮花

駕著七頭神牛拉的馬車

背生光輪

與願印

▲烏莎斯負責喚醒雙馬神，為蘇利耶備車，開啟一日的光明。

　　黎明女神烏莎斯是最早起的天神，她負責打開天門，拉開重重黑幕，驅除黑暗與魔鬼。她身上的萬丈霞光，隨著天門的開啟遍灑天際，她喚醒雙馬神兄弟，準備為太陽神蘇利耶駕車，推進者太陽神也開始一天的工作，將烈日火球推上蒼穹，於是黑暗和邪魔退避，光明降臨人間。

　　一般來說，吠陀神話中女神的地位通常微不足道，烏莎斯是唯一的例外。吠陀神話歌頌黎明女神烏莎斯，說她神采飛揚地蒞臨人間，喚醒鳥獸一切生物，也喚起人從事一天勞動，使人繁衍生息，保護萬物生靈不受侵害。她替人準備豐美的牧場，為人帶來驚人的財富，並慷慨地對待讚美者，她永遠雍容華貴，是純潔美麗的天之女。

　　但令人不解的是，到了吠陀中期，烏莎斯的地位開始動搖。天帝因陀羅還曾和她開戰，用金剛杵擊碎她的馬車，烏莎斯落荒而逃。後來，甚至在印度的宗教神話裡，再也找不到她的芳蹤。

　　有學者研究認為，黎明女神烏莎斯可能不是雅利安人本有的信仰，因陀羅大敗烏莎斯，象徵雅利安人擊敗當地土著，連同舊信仰一併掃蕩。這就可以解釋，何以烏莎斯在吠陀神話中的地位含糊不清，混亂的身世似乎正說明了烏莎斯本身就不是正統的吠陀天神。

黎明女神小檔案

法相	全身赤裸，以光為衣
神職	黎明女神
出處	《梨俱吠陀》

推進者太陽神 Savitr · सवितृ

日出於東沉於西，這個看起來再平凡不過的自然現象，印度人卻有獨到的解讀，他們認為肯定有某種力量讓太陽東升，然後讓太陽西沉，於是那股推動太陽的力量就造就出推進者太陽神沙維特力。

推進者太陽神沙維特力，是負責每天將太陽推出去工作、又推回家的太陽神，象徵著朝陽和夕陽。古吠陀時代還有另外一個太陽神蘇利耶，兩者的分工是：一早由推進者太陽神沙維特力先出門，象徵旭日東升，接著再由雙胞胎的雙馬神駕著黃金馬車，載著太陽神蘇利耶進行每天的日照工作，最後再由推進者太陽神沙維特力扮演夕陽，結束太陽一整天的工作。

不過，這兩個太陽神的神職畫分，在部分的神話故事中並非如此分明。由於沙維特力也具有太陽神的神性，在神職上常與蘇利耶重疊，例如兩人同樣都有支撐蒼穹，使大地得以安穩的作用。有時，沙維特力和蘇利耶也被視為同一個神祇，兩者經常混淆、混同。

除了以上與太陽有關的神職，沙維特力也可以賜予人智慧、財富、寶藏、力量、長壽，還有祛除疫疾、保佑康泰、免除魔法咒語、維護獻祭者並嚴懲不法者等多種神力，因此推進者太陽神沙維特力又稱為幸福之神。

推進者太陽神沙維特力的外貌是：金髮、金眼、金手、金舌、金衣，每天駕著黃金馬車，金光閃閃地巡行天際。在天未破曉前，祂就推動著太陽出來，並將人從睡夢中喚醒，開始一天的勞動。等太陽完成今天的工作後，沙維特力又推動著夕陽沉於西邊，夜晚來臨了，萬物沉入夢鄉，大地回歸靜寂。

推進者太陽神小檔案

法相	全身上下皆呈金黃色
坐騎	黃金馬車
神職	太陽神、幸福之神
出處	《梨俱吠陀》

▲科奈克太陽神廟。十三世紀時，卡楞伽國王納拉辛哈打敗了回教徒，為了感謝太陽神，建造了這座神廟。整座神廟就是一輛太陽神的馬車，共有二十四個車輪，布滿精緻的浮雕。一九八四年被列入世界文化遺產。（印度奧利剎邦）

▶推進者太陽神沙維特力，驅使太陽東升西沉。

史詩與印度教時代的神話

吠陀 Veda · वेद

吠陀的意思是知道、知識、啓示，泛指古婆羅門教所有種類的典籍，是婆羅門教和印度教最根本的經典。

相傳所有的吠陀都是天啓，也就是天上傳授到人間的知識，非成於一人一時，而是經過漫長時間逐漸累積而成。原本吠陀都是以師徒口耳授受相傳，大約在公元前一千五百年左右，才開始有文字流傳。內容主要傳達婆羅門教的吠陀天啓、祭祀萬能、婆羅門至上的教義，使用的語言比起現在的梵語更爲古老，稱爲吠陀梵語，而著作吠陀的年代，則被稱爲印度的吠陀時期。

廣義的吠陀經典，包括《吠陀》本集，還有解釋吠陀的《梵書》、《森林書》和《奧義書》。《吠陀》本集涵蓋了四吠陀——《梨俱吠陀》、《娑摩吠陀》、《耶柔吠陀》、《阿闥婆吠陀》。吠陀不僅是婆羅門教的經典，也對改革婆羅門教而成的印度教產生重要的影響，由於印度教徒占全印度八成以上的人口，吠陀思想早已融入印度人的血脈之中，成爲印度文化不可分割的一部分。

吠陀經典不僅是宗教文獻，也可以說是上古印度生活的百科全書，舉凡醫藥、農耕、軍事、政府組織架構、廟宇興建、戲劇、樂器用法、居士生活指導，甚至素食菜單、食譜，通通都有，當然對於宗教方面的宇宙開創、神祇詩歌讚頌、靈魂與神的關係、

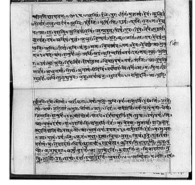

▲吠陀書影。

瑜伽、冥想、時間與空間的概念等神學領域的廣泛探討，更是不在話下。

一些主張外星人存在的學者，更從吠陀裡引經據典，表示古印度人早就知道外太空、異世界的存在。許多印度唯心哲學流派奉吠陀爲宇宙最高權威，認爲現代科學和一切眞理都源自吠陀。姑且不論這是否是民族主義者的老王賣瓜，但從吠陀裡所揭櫫的神學、哲學思想，也實在讓後人不得不爲之傾倒讚嘆。

吠陀本集包括了四部吠陀：

• 《梨俱吠陀》（Rigveda）：在中國古代又稱爲《歌詠明論》。這是婆羅門祭司在祭祀中祈請、讚頌以及祈禱時，所吟唱的詩歌總集。

四吠陀中以《梨俱吠陀》的成書時間最早，時値雅利安人入侵

▼吠陀學校。（印度喀拉拉邦）

▲吠陀主要以吟誦的方式傳授，教師一面念誦，一面依著節奏搖晃上身；學生也跟著拍子搖晃、覆誦。（印度喀拉拉邦）

印度並移居印度河沿岸時期，其他三部吠陀都是在《梨俱吠陀》的基礎上發展而成。《梨俱吠陀》計有一千零二十八首詩歌，全書有一萬零五百五十二節詩，分為十卷，不管是文字或體例，《梨俱吠陀》都較其他三部吠陀更為古老。

《梨俱吠陀》的內容涵括上古神話、祭祀和巫術。如果以歷史文獻的角度來看，《梨俱吠陀》無疑是人類寶貴的文化資產。如果以文學作品的眼光來看，《梨俱吠陀》的詩歌樸素卻不原始，

書中詩體有十五種格律，由此可見當時的印度文學藝術已有相當程度。

• 《娑摩吠陀》（Samaveda）：在中國古代又稱為《讚頌明論》。計有一千五百四十九首詩歌，共二十篇，絕大部分的詩歌都可在《梨俱吠陀》中找到原型，是婆羅門祭司在祭典讚神的禱告文。

• 《耶柔吠陀》（Yajurveda）：在中國古代又稱為《祭祀明論》。包括白耶柔和黑耶柔兩種不同的本集，計有兩千首詩頌，

共四十篇，同樣大都取材自《梨俱吠陀》，是婆羅門祭司在祭祀時所念誦的祭神詞。

• 《阿闥婆吠陀》（Atharvaveda）：在中國古代又稱為《禳災明論》。包括七百三十一首詩歌，共二十卷，是婆羅門教所有消災祈福「咒術」的總集。舉凡治病、天災、收成、戰爭、愛情、親情、詛咒仇敵……，一切和生活有關的咒術都囊括其中，具有濃厚的古宗教色彩，對後來印度的社會生活和文學都有深遠的影響。

梵書 Brahmana · ब्राह्मण

梵書也稱爲「淨行書」，是解釋吠陀經典的一類散文著作，也算是廣義的吠陀之一。印度現存有十七部梵書，成書時間約在公元前九百年至前五百年間，這段時間也被稱爲印度的「梵書時代」。

▲寫在棕櫚葉上的梵書。

傳統上將梵書視爲吠陀聖典的一部分，附在吠陀本集之後。附屬於《梨俱吠陀》的梵書有《愛達羅氏梵書》和《海螺氏梵書》；附屬於《娑摩吠陀》的梵書有《二十五梵書》、《二十六梵書》、《歌者梵書》、《耶摩尼梵書》、《耶摩尼奧義梵書》、《世系梵書》、《娑摩術梵書》、《提婆達耶也梵書》、《阿爾塞耶梵書》；附屬於《夜柔吠陀》的梵書有《百道梵書》、《迦陀迦梵書》、《羯毗私陀羅迦陀梵書》、《慈氏梵書》、《鷦鴣氏梵書》；附屬於《阿闥婆吠陀》的梵書有《牛道梵書》。

梵書的特色，是較吠陀更詳細說明了祭祀儀規，並仔細解釋儀規的含意。梵書時期的祭祀已經十分複雜，大體上可分爲家庭祭與天啓祭兩種，此時因果報應的思想也已經形成，對於地震、山嵐等自然現象，當時的印度人也開始探討。

除了作爲祭祀手冊，梵書中也保存了大量的神話故事。梵書時代對印度文化影響最深遠的，莫過於「種姓制度」的形成。種姓制度將人分成婆羅門、刹帝利、吠舍和首陀羅四個階層，婆羅門是宗教祭司階層，刹帝利是貴族統治階級，吠舍是平民百姓，首陀羅則是奴隸賤民階級，前三者可輪迴轉世，是爲「再生族」。四姓階級彼此不能通婚，否則下一代一律淪爲首陀羅，種姓之間要翻身得等到下輩子。

這種不合理的種姓制度在印度已綿延了三千年，在外人看來，種姓制度不過是婆羅門階級爲了鞏固特權的胡說八道，但印度人至今依然深信不疑。他們認爲今生所有的痛苦與障礙，都是過去的罪孽所造成，因此只能逆來順受，以祈求美好的來世。

森林書 Aranyaka · आरण्यक

森林書屬於廣義的吠陀文獻之一，成書於梵書之後，在語言、體例，甚至內容上，都和梵書相當接近。按照傳統說法，森林書是年事已高的婆羅門或剎帝利賢人隱居於森林時所寫的，所以又稱為阿蘭若書。

婆羅門教認為前三種姓的理想人生，應畫分成梵行期、家住期、林居期以及遁世期。梵行期是指人生的學習時期，這時要跟著老師學習吠陀並鍛鍊身心。家住期是指踏入社會，各安本業成家立業的時期。林居期是到了老年，將家業做好安排後，隱居於森林，過著宗教修行生活，思考人生哲理。至於遁世期則是在森林期之後，捨棄一切，剃髮、薄衣、乞食，過著雲遊生活。

森林書就是高種姓的婆羅門和剎帝利，在林居期時，記錄靜坐沉思心得的宗教與哲學之作。

由於這時的婆羅門已經不再從事祭祀，但他們從過去的祭祀經驗，加上靜坐之後的超驗和智慧，讓他們能更深入地探討祭祀背後的含意，那些惑人心神的祭祀儀式到底意義何在？他們想要探究的是吠陀真正要傳達的深意，以及更深層次的哲學問題，像是宇宙人生的奧祕、人和自然之間的關係，以及人神之間的哲學思辯問題等。由於這些學問都是在森林中進行，因此使得森林書的內容更具有神祕感，帶有祕密宗教的遁世性質，因此有人認為，年輕人不該讀森林書。

照理說每部吠陀都會有屬於自己的森林書，加上派別的不同，應該會有多種版本，但或許是因為森林書只能在森林中流傳，加上年代久遠保存不易，目前現存的森林書僅有四部，屬於《阿闥婆吠陀》的森林書已經失傳。

屬於《梨俱吠陀》的森林書有《愛達羅氏森林書》、《海螺氏森林書》；屬於《娑摩吠陀》的森林書有《耶摩尼森林書》；屬於《夜柔吠陀》的森林書有《鷓鴣氏森林書》。

▼在森林中修行的婆羅門。

往世書 Puranas · पुराण

《往世書》又稱《古世記》，是古印度一種著作的共同名稱，非成於一人一時，而是經由漫長的時間匯集眾多神話、傳說以及各方知識而成，通常以詩歌問答的形式書寫而成。

現存的《往世書》廣義來說，包括大往世書、小往世書、大讚和種姓往世書，而每一部《往世書》通常都會讚頌婆羅門教三大神梵天、濕婆、毗濕奴中的一位，藉由《往世書》的流傳，三大主神的地位逐漸確立，而《往世書》流傳的期間也就被稱為印度的往世書時代。

以梵天為主角的《往世書》又稱為憂往世書，包括了《梵天往世書》、《梵轉往世書》、《梵卵往世書》、《摩根德耶往世書》、《未來往世書》和《侏儒往世書》。以毗濕奴為主角的《往世書》又稱為喜往世書，包括了《毗濕奴往世書》、《薄伽梵往世書》、《那羅陀往世書》、《大鵬往世書》、《蓮花往世書》和《野豬往世書》。以濕婆神為主角的《往世書》又稱為暗往世書，包括了《濕婆往世書》、《林伽往世書》、《龜往世書》、《魚往世書》、《塞犍陀往世書》和《火神往世書》。以上總共有十八部，也稱為大往世書。

▼往世書中的插圖。

▼濕婆往事書，電子書書影。往事書已整理成數位版本，可以在網路上查閱。

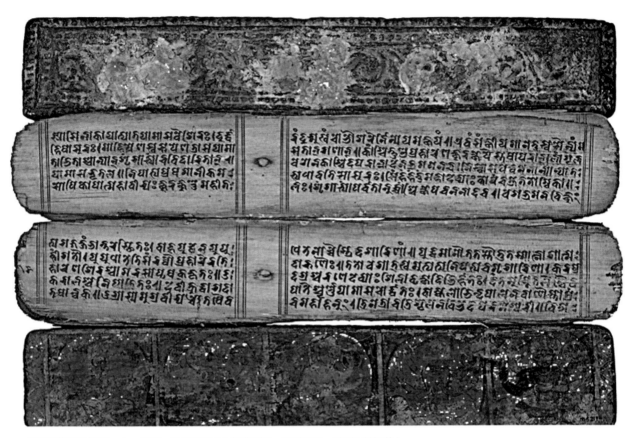

▲提毗薄伽梵往世書，十一世紀。此為現存「女神的榮光」最早抄本，書寫在棕櫚葉上。

　　梵天、毗濕奴和濕婆在印度又被稱爲「三相神」，意指天帝的三種形象：梵天代表「創造」，毗濕奴代表「護持」，濕婆代表「破壞再生」，代表天帝的三種宇宙功能，而祂們也是印度教的三大主神。以毗濕奴爲尊信仰在印度有所謂的「毗濕奴派」，濕婆信仰也有所謂的「濕婆派」，兩者皆香火鼎盛。唯獨梵天在印度頂著創造之神的光環，卻門前冷清，信徒寥落。

　　小往世書則沒有統一的編審，各地版本很多，以下十八部往世書大致可爲代表；《提毗薄伽梵往世書》、《蘇利耶往世書》、《摩奴往世書》、《大自在天往世書》、《伐樓拿往世書》、《極裕往世書》、《摧毀者往世書》、《常童往世書》、《時間往世書》、《奧舍那娑往世書》、《濕婆拉訶室耶往世書》、《那羅底耶往世書》、《那羅辛訶往世書》、《敝衣往世書》、《猴色往世書》、《喜者往世書》、《阿底德耶往世書》、《善波往世書》。其中最重要的是《提毗薄伽梵往世書》，這是印度性力派的聖典，內容是講述救世女神難近母杜爾迦的故事。

　　從上述《往世書》可以看出，大小《往世書》的形成和流傳，讓印度教諸神於焉確立。兩者都是以梵文寫成，講的是宇宙的生成、人類的起源、諸神的系譜和神話故事，甚至還提到相當多的自然科學知識，當然也少不了古印度人最熱中的哲學思辯。

　　大讚也算是廣義的《往世書》之一，但不一定用梵文書寫，絕大部分是以印度各地方言寫成，甚至有泰米爾語的大讚。其內容大都是講述某印度教聖地的起源和方位，由於印度的文獻都沒有記年習慣，於是大讚就爲研究印度城市和道路的發展沿革提供了相當重要的線索。

　　《種姓往世書》是專門述說種姓起源的神話和歷史的文獻故事，這類《往世書》也是用各地方言寫成，有些甚至只是以口語世代相傳。

奧義書 Upanishads · उपनिषद्

奧義書，顧名思義是涵蓋宇宙深意的書，屬於廣義的吠陀文獻之一。奧義書是歷久不衰的印度聖典，印度的宗教哲學多是從奧義書發展而來。

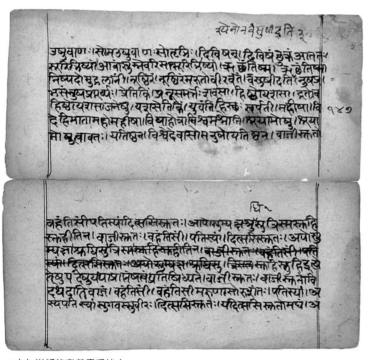

▲十七世紀的奧義書手抄本。

▲奧義書是印度思想的精華，如同中國的《論語》，對東西方影響深遠。圖為英譯本。

　　如果說印度思想是以吠陀文化為主流，那麼吠陀文化的精華就在奧義書了。千百年來，奧義書對東西方的文化都產生了深遠影響，因此有印度《論語》和東方《沉思錄》之譽。

　　奧義書的年代在森林書之後，所探討的不再是祭祀的禮儀與神學，而是更進一步偏重哲學問題：主張宇宙萬象的根源以「梵」為本體，與個人本質的「我」為一體，此即「梵我一如」；並探討人的本質、世界的根源、人與精神世界的關係、死後的命運等問題，而輪迴思想也在此時成熟；古印度的唯心主義哲學各派也都由此而出。一般所稱的奧義書，通常是指古奧義書，而新奧義書乃指吠檀多（Vedanta）與瑜伽思想。

　　奧義書成書於佛教之前，舊譯「優婆尼沙曇」，數量相當龐大，有數百部之多，最早出現於公元前九世紀左右，據信釋迦牟尼佛的思想多少受到奧義書的啟發。現存與《梨俱吠陀》有關的奧義書有《愛達羅氏奧義書》、《海螺氏奧義書》；與《娑摩吠陀》有關的奧義書有《歌者奧義書》、《由誰奧義書》和《金剛針奧義書》；與《耶柔吠陀》有關的奧義書較多，有《廣林奧義書》、《至尊奧義書》、《泰帝利耶奧義書》、《羯陀奧義書》、《白淨識者奧義書》、《離所緣奧義書》、《摩訶那羅衍拿奧義書》、《慈氏奧義書》、《胎藏奧義書》、《塞犍陀奧義書》、《普度鬥爭世奧義書》；與《阿闥婆吠陀》有關的奧義書有《禿頂奧義書》、《唵聲奧義書》、《六問奧義書》、《自我奧義書》、《菁華奧義書》、《智頂奧義書》、《舍利奧義書》。

甘露 Amrita · अमृत

甘露是印度神話中的諸神聖飲，這種不死祕藥原本已經隨著世界毀滅而消失，後來在天神和阿修羅一起攪拌乳海後才又重新面世。

在印度神話中，甘露和蘇摩酒有一定程度的相關性，但又好像是指兩種不同的東西。既然除了天神之外，誰也沒喝過甘露；而蘇摩酒又已失傳數千年，因此到現在，誰也不知道兩種是不是同一物。

據傳喝下甘露可以得大神力並永生不死，這種誘人的神祕之物，歷來都是宗教最喜愛的題材，不但古人對此大做文章，現代宗教（尤其是藏傳佛教）更有一套所謂的甘露大法會，聽說只要是有德者主持盛會，佛陀就會親自由天界賜下甘露丸。

佛教典籍也有很多關於甘露的描寫，據說甘露是忉利天的甘美靈液，飲後能令人苦惱盡除、延年益壽，甚至死而復生。

密宗的甘露大法會就是專門為了祈求甘露而舉行，但是並非所有上師都會這套密法，要修持大圓滿的虹身成就，就需要至寶甘露助上一臂之力。

據說，只要是有德者主持的甘露法會，或者法會中有資格足以獲得甘露的大德參與，全體一起虔誠祈求，當因緣具足時，全體會眾都會感到一股暖流貫穿全身。這時天空在變，大地在變，法會上的壇城更是千變萬化，原本空無一物的盤子上就會無中生有出現黃色、白色、黑色或呈水晶五彩透明狀的甘露。據說只要吃上一顆，今生的修行就絕無障礙，甚至有增壽以及助顯神通的功效。

不過一般市面上的甘露丸，還是別輕易嘗試得好。因為藏人會拿大修行者的糞便去做成甘露丸，他們相信這些大成就者連糞便也具有神力。

▼善神修羅與惡神阿修羅為了追求長生不死，共同攪拌乳海，以求得不死甘露。圖為善神攪拌乳海的一側。（柬埔寨吳哥寺）

梵天 Brahma · ब्रह्मा

梵天是婆羅門教及印度教共同的創造之神,「梵」是萬物之源的意思,而梵天即是「梵」的神格化。祂與毗濕奴、濕婆並稱為印度的三相神。

梵天的地位相當於中國的盤古。根據《梨俱吠陀》記述,宇宙出自漂流於混沌之中的金胎,當金胎漂流一年後,梵天用意念將金胎一分為二,上為天下為地,接著出現水、火、土、氣、以太(空)等五元素,再來是眾神、星辰、時間、高山、平原、河流;接著語言、情欲、憤怒、歡樂、懺悔也跟著出現。

梵天既是世間萬物的創造者,但同時也是魔鬼、災難的製造者,高興時,世間安穩、萬物興盛;憤怒時,則世間動盪、災難叢生。

又有一說認為,梵天是從毗濕奴肚臍上的蓮花而生,接著祂又從自己的心、手、腳中生出七個兒子。後來祂的子孫又分別生出天神、凡人、妖魔、禽獸以及宇宙間的萬物。

印度神話中的梵天,有一身紅色的皮膚,穿著類似婆羅門祭司的白袍,四面、四臂,手持吠陀、權杖、念珠、弓箭或水罐,坐在蓮花或騎在孔雀上面。

雖然同為印度教的三相神,但是梵天卻不像保護神毗濕奴或破壞神濕婆那樣受到信徒的崇拜和敬畏。當祂被其他宗教吸收時,地位也不見好轉。據佛經記載,佛陀曾升忉利天為其母摩耶夫人說法,那時梵天是佛陀的右脅侍。開天闢地的梵天竟淪為侍者,雖然也執掌忉利天、統御梵眾之民,但天地是祂開,最後卻

▲自蓮花中誕生的梵天,肩負著創造世界的任務。(泰國素林省西可拉父石堡)

只能掌管天界的一部分。而在印度教裡,梵天也經常降格為毗濕奴或濕婆的附屬。

對於這樣的轉變,在印度的宗教觀點看來,是因為梵天已經完成創造世界的任務,即使貴為創世之神,也已無用武之地了。此外,印度神話裡也有幾則關於梵天失勢的傳說。一說是梵天創造了美麗的女兒辯才天,但辯才天出色的容貌,讓梵天不顧倫理娶她為妻,因此受到世人輕視。後來梵天因為貪看辯才天的美貌,竟然長出了五顆頭,辯才天最後受不了,只好求助於濕婆,濕婆還因此砍下了梵天的一顆頭。

還有一說:聖者布里古斯邀請

▲開天闢地之前,毗濕奴制伏惡魔後,十分疲憊,便躺臥下來,自肚臍眼中生出梵天,使梵天擔任創造之神,去創造世界。牛是毗濕奴的化身之一,梵天自他身上生出,世界(地球)在他的頭上,萬物受他保護。(印度果亞)

梵天參加祭典，但梵天卻陶醉在妻子辯才天的音樂之中，完全不理會聖者的呼喚，聖者大怒詛咒梵天永遠沒有人類會崇拜祂。另外有一則相當有趣的神話，說是在宇宙初始之際，毗濕奴和梵天巧遇濕婆巨大的林伽（陽具），雙方驚訝之餘決定分頭尋找林伽的頭和尾，要看看它究竟有多麼巨大。於是毗濕奴變成一頭野豬，不斷向下挖掘，梵天則變成天鵝，拚命向上飛翔。但找了好久雙方都看不到盡頭，毗濕奴只好承認濕婆才是宇宙真實的梵。但是梵天不服氣，要求露兜樹花替祂作假證，說祂已經發現林伽的頭。於是濕婆動怒詛咒梵天，讓祂永遠不受眾生崇拜。

梵天失勢還有一個原因，那就是祂經常隨便給予惡魔恩典，讓他們擁有非凡神力，導致天地間的秩序遭到嚴重破壞，讓天神為了維護正法，經常搞得灰頭土臉，梵天因而喪失威信，也失去了信徒對祂的崇敬。

即便如此，在印度吃憋的梵天，在東南亞卻成為信徒眾多的「四面佛」。信徒咸認祂的四面分別執掌事業、愛情、富貴和平安，只要誠心向四面佛祈求，必能面面圓滿靈驗。

梵天小檔案

配偶	沙維德麗、辯才天、佳耶德麗
法相	四面、四臂
坐騎	孔雀或鵝
神職	創世之神
出處	《梨俱吠陀》

有四個頭，但浮雕通常只刻三個

念珠

權杖

天衣

▲梵天原本有五個頭，被愛神射了一箭，愛上自己的女兒，便被濕婆砍掉一個頭。在泰國成為香火鼎盛的四面佛。（印度淡米亞那督邦勘奇普藍神廟）

辯才天 Sarasvati · सरस्वती

辯才天是印度教創世者梵天的妻子，是天地間第一位女神，象徵智慧和財富。梵天從自己的身體創造出辯才天，因此梵天既是她的父親也是她的丈夫。

▲左為辯才天，右為吉祥天女拉克希米。（印度喀拉拉省）

　　辯才天美麗非凡、皮膚白皙，相貌永遠年輕，常以蓮花為坐，出門的坐騎是天鵝（有時為孔雀），生有四臂，分別執琴、經書、念珠和蓮花，象徵藝術、智慧、寫作及虔誠。梵天原本有五個頭，但是因為太愛慕辯才天了，整天盯著她看，逼得辯才天跑去向濕婆求救，濕婆便砍下了梵天一顆頭。

　　辯才天的英譯是 Sarasvati，在《梨俱吠陀》中原本是北印度一條同名大河的水神，據說只要喝下娑羅室伐底河的水，或是用來沐浴淨身，就能夠滌清一生的罪孽。辯才天在印度的信仰體系中，主要還是被認為是「智慧女神」，執掌智慧、辯論、語言、知識、詩歌、音樂、藝術、科學，相傳她還是梵語與梵文天城體字母的創造者。在印度、西藏，想要學習梵文的人，大都會參拜智慧女神辯才天，或是修辯才天的法門以求福佑。由於辯才

天是賜予智慧及文藝天分的女神，凡是學習或從事藝術、文學及法律的人，膜拜辯才天據說都能獲得冥佑。聽起來，辯才天的神職，相當類似中國道教的文昌帝君。

　　辯才天不僅是印度教女神，在其他宗教中也有一席之地。佛教尊她為「大辯才天女」，只要持誦《大辯才天女咒》，求財者得財，求名聲者得名聲，求出離者得解脫。密教（藏傳佛教）尊

她爲「妙音佛母」或「妙音天女」，是文殊菩薩的眷屬，還提到妙音天女是觀世音菩薩的一顆犬齒所幻化而成。在藏傳佛教裡，妙音佛母的造像通常是左手輕托琵琶，右指輕捻彈奏雅樂，因此除了是智慧和文藝女神之外，也被視爲是音樂之神。

辯才天飄洋過海到了日本，成爲七福神裡唯一的女性神明，叫做「弁財天」。光看字面，就覺得她非財神莫屬。沒錯！在日本民俗信仰中，七福神是七尊會帶來福氣和財氣的神明。至於辯才天是何時跑到了日本，並從智慧之神轉行當起財神，歷史已不可考，但從日本最有名的弁財天道場——鎌倉「錢洗弁財天宇賀福神社」，或許可探得一二。據說在鎌倉幕府時期，征夷大將軍源

▲印度海報和民生文宣品中常見的辯才天。手執維納琴、經書、念珠，腳旁有孔雀相伴。

彈奏維納琴

坐騎爲孔雀

賴朝在前線吃緊、糧餉無著之際，在西元前一一八五年巳月巳日之夜，獲宇賀福神弁財天托夢，表示「用這裡的水供奉神佛，則天下太平」，於是源賴朝便建立了這座神社，而後果眞也開啓了鎌倉幕府的大業。此後，鎌倉幕府的第五代將軍北條時賴在這裡用水洗錢，祈禱全家永保榮華富貴，才開始了今日的洗錢習俗。據說用弁財天這裡的水洗鎌倉錢，可以讓錢翻很多倍，現在這裡已經成爲觀光勝地，參拜者和來自各國的觀光客，都將紙幣或硬幣投進竹簍裡洗錢，祈求弁財天顯靈。

辯才天小檔案

法相	四臂分別執琴、經書、念珠和蓮花
坐騎	天鵝（有時爲孔雀）
神職	智慧女神
出處	《梨俱吠陀》

濕婆 Shiva · शिव

在印度諸神中，濕婆是性格最複雜的神祇，既是世界的毀滅者，卻屢次解救人類和眾神；既是大苦行者，又是性欲的象徵，而且也是舞蹈之神。

在吠陀神話時代，濕婆不過是暴風雨神樓陀羅的別名，但到了往世書的年代，濕婆的地位卻扶搖直上，成為印度教三大神之一，在印度擁有極多的信徒，其信仰自成「濕婆派」一派，同時也是「性力派」的主神之一。由於濕婆具有仁善和毀滅的雙重性格，又是所有妖魔鬼怪的老大，因此成為印度教信徒心中最敬畏的神祇。

到過東南亞或印度的人，對於印度教寺廟裡那尊三眼、亂髮糾結、帶著骷髏頭項鍊、身穿獸皮，還盤著一條蛇的神像，肯定印象深刻。其對面還有一尊陽具，這時合掌膜拜的人想必很尷尬，不免暗忖難道東南亞的人都需要壯陽嗎？其實，這些都是濕婆神的化身。男性生殖器「林伽」是創造力的象徵，據說濕婆的林迦巨大無比，即便梵天與毗濕奴飛天竄地都找不到兩端的盡

頭；還說濕婆一次性愛可以為期一千年，超凡的性能力讓三界眾神都受不了。

濕婆神的個性亦正亦邪，額上的第三隻眼（智慧之眼）能噴出毀滅一切的神火，殺死所有的神祇及一切生物，讓世界回歸到洪荒時代。但祂也會挺身而出保護生靈，據傳在恆河下凡時，來勢洶洶的衝擊力足以毀滅大地，濕婆為了生靈，將一頭亂髮分成七束，讓恆河從天而降時不致釀成災難，恆河也因此分出七條聖河。在乳海被攪拌時，充作攪拌繩的大蛇瓦蘇吉因為過勞吐出毒液，此時也是濕婆不顧一切將毒液往自己肚裡吞，避免蛇毒滴進乳海而污染了甘露。但他自己的脖子就此變成了青色，因此又被稱為「青頸者」。

濕婆還是個苦行之神，終年在喜馬拉雅山脈的卡拉薩山修煉，透過最嚴格的苦行和最徹底的冥

▲濕婆、薩蒂和象頭神一家。濕婆的額頭上生著第三隻眼，能噴出毀滅之火；頭上的新月是乳海攪拌時生出的寶物。濕婆的性能力無人能敵，性器的長度讓梵天和毗濕奴上天下地都找不到盡頭，「林伽」為其象徵，也是「性力派」的主神之一。左下角的林伽，也是濕婆的象徵。

想，終於獲得最深奧的知識及神奇的力量。濕婆也被尊為舞蹈之神，悲傷或歡樂時，祂常跳舞自娛，舞蹈象徵濕婆的榮耀和宇宙永恆不朽的律動。在一個時代結束時，濕婆會跳著坦達瓦之舞，完成毀滅世界的任務。因此，許多濕婆的神像便是以舞神造型流傳於世。

個性冷酷和孤傲的濕婆神，在印度密續和性力派的神話故事中，卻是備受女神青睞的性力之神，雪山女神、難近母、黑天

◀象徵濕婆的林伽，與濕婆的坐騎難丁。

頭戴髮髻冠，以骷髏為裝飾

銅鼓。代表宇宙之舞的節奏，象徵生命和創造

施無畏印。賜與供奉者平安

右臂纏蛇

火焰。象徵毀滅

左腳抬起，象徵靈魂的解脫

阿帕斯馬拉，是「無知」的化身

◀舞王濕婆，腳踩著侏儒「阿帕斯馬拉」。舞蹈姿的濕婆有另外一個名字「納塔羅伽」（Nataraja），跳著宇宙之舞，象徵著祂五個偉大的特性：創造、保護、毀滅、消除無知與束縛，使靈魂得到解脫。（印度馬瑪利普藍）

女（時母）都是祂的老婆，而祂的風流韻事更是多到讓人臉紅心跳、瞠目結舌，這個形象和一般神話中那個坐懷不亂的濕婆簡直判若兩人。

那麼，濕婆神在其他宗教又是何種角色呢？佛教稱祂為大自在天，住在色界之頂，爲三千大千世界之主。在藏傳佛教，祂成了重要的護法神大黑天，是毗盧遮那佛（即大日如來）降魔時所呈現的忿怒相。在日本，祂的形象就平易近人多了，是七福神之一，帶來的是福氣與財氣。

濕婆小檔案	
法器	第三隻眼、三叉戟
坐騎	白牛難丁
配偶	薩蒂、雪山女神難近母、黑天女
神職	毀滅世界
出處	《梨俱吠陀》

雪山女神 Parvati · पार्वती

雪山女神帕爾瓦蒂是喜馬拉雅山神之女，也是印度教大神濕婆的神妃，是濕婆原配薩蒂的轉世，她以苦行贏得濕婆傾心的愛情故事，是印度教神話最動人的愛情故事之一。

雪山女神擁有絕世的容顏，在尚未出嫁的少女時代，有天夜裡她夢見一個婆羅門告訴她，未來的夫婿是個赤裸身體的瑜伽苦行者，既無情欲也無祖先。雪山女神將這個夢境告訴父親，山神想了一會兒後告訴女兒說，那個人可能是指濕婆神。

那時濕婆恰好正在雪山（即喜馬拉雅山）苦行，山神帶著精心打扮的雪山女神前去拜會，雪山女神本以為憑藉美貌，濕婆肯定會為之傾倒，沒想到當時的濕婆還在為失去第一任妻子薩蒂而傷痛，沒料到帕爾瓦蒂竟是亡妻轉世，連看都沒多看她一眼。

雪山女神為了引起濕婆注意，也開始了苦行。在炎炎夏日，當空太陽如一團烈火下，她在身體四周燃起柴火，然後在烈火的包圍中讚誦濕婆；在天寒地凍的夜晚，她把自己浸泡在冰水中，專心誦念濕婆咒語；雨季來臨時，她坐在岩石上澆著傾盆大雨，讓

▲濕婆一家。（印度淡米亞那督邦旁帝切里神廟）

難丁 / 濕婆 / 象頭神 / 雪山女神

▼雪山女神與林伽。

自己沉浸在禪定中，如此過了三千年。

看到濕婆在喪妻後心如止水，連最有可能獲得青睞的雪山女神也已經苦行三千年，眾神可說心急如焚，因為只有濕婆之子才能治得了力量強大的阿修羅多羅迦。多羅迦一心敬奉梵天，梵天於是賜給他無窮的力量，並允諾只有濕婆之子才能打敗他。多羅迦心想濕婆根本就沒有兒子，那就代表自己天下無敵了，於是肆無忌憚地四處橫行，不但搶走因陀羅的神像、俱毗羅的九件寶物、太陽神的白馬以及眾神的諸多寶物，還將天神趕出天界，讓給自己的阿修羅族人居住。因此

苦不堪言的眾神，一心巴望著濕婆能夠喜歡上美麗絕倫的雪山女神，順利產下一子。

最後眾神派出愛神前往雪山，愛神伽摩帶著妻子和好友春神，一行人來到了雪山。春神一蒞臨，雪山馬上春暖花開，待伽摩看到濕婆和剛好在附近的雪山女神，立刻張起甘蔗做成的神弓，拿起鮮花製成的箭，一箭射向濕婆，被愛之箭射中後的濕婆看到雪山女神，心中立刻產生異樣的情愫。但擁有甚深禪定的濕婆，立刻察覺不對勁，又看到愛神一臉曖昧，馬上明白是著了伽摩的道，於是憤而張開第三隻眼，愛神伽摩立刻被燒成灰燼。

壓抑著心中對雪山女神初開的情竇，濕婆又繼續苦行。無計可施的眾神，終於一起來到濕婆面前向祂訴苦，祂們懇求濕婆早日和雪山女神結婚生子，因為唯有濕婆的兒子才能夠打敗阿修羅多羅迦。

一天，當雪山女神如常坐在冰水中苦行時，有個英俊瀟灑的婆羅門來到她身邊。他問：「妳為什麼要如此地折磨自己呢？」雪山女神回答：「因為濕婆喜歡苦行，所以我要用苦行來打動濕婆的心。」婆羅門嘲笑她：「濕婆只不過是個無家可歸、渾身赤裸，還喜歡出沒在屍林的乞者而已。」雪山女神說：「那只是濕婆的修行方式，我依然熱愛祂也尊敬祂。」年輕的婆羅門繼續勸雪山女神：「妳擁有如此的美貌，又在這裡苦行這麼久，濕婆實在不值得妳這樣付出，還是趕快回到父母身邊吧！」雪山女神仍不為所動，婆羅門見她意志堅定，於是現出濕婆容貌，伸手拉起了雪山女神，溫柔地告訴她：「從此我就是妳苦行之下的俘虜。」

◀雪山女神帕爾瓦蒂是山的女兒，透過「性力（Shakti，一種陰性的力量）」化身成各種女神，絕美如帕爾瓦蒂，也有恐怖殘暴的黑天女卡莉，展現濕婆無中生有的母性力量。（印度淡米亞那督邦堪奇普蘭神廟）

雪山女神小檔案

配偶	濕婆
化身	難近母、黑天女、斷頭女、荼枳尼、伐妮妮
子嗣	戰神塞犍陀、象頭神
出處	《塞犍陀往世書》

黑天女 Kali • काली

黑天女卡莉又稱「時母」，是印度性力派的主神之一，她是降魔女神難近母和阿修羅作戰時，從難近母的額頭上走出來的化身。

▲卡莉的憤怒無法止息，不斷跺腳，使大地為之震動。為了平息妻子的怒氣，濕婆躺在卡莉腳下，讓卡莉洩憤。（印度淡米亞那督邦旁帝切里神廟）

如果說難近母是恐怖的憤怒女神，那麼卡莉絕對是更勝一籌的血腥女神。卡莉和難近母同樣是印度性力派的主神，他們都是溫柔婉約的雪山女神化身，溫和慈悲和凶猛強悍是性力派女神的一體兩面，這似乎在告訴惡魔，不要以為只有你們會要狠，正義的神明一旦發起火來，可是比惡魔還要惡魔。

在印度教的神廟裡，觀光客恐怕會懷疑自己是不是誤闖了陰廟，因為印度教眾神經常以忿怒尊的形象高踞在神龕睥睨世間；而惡魔的殺戮者黑天女卡莉的形象已不是恐怖所能形容。卡莉的

皮膚是了無生氣的灰黑色或陰森的青藍色，和濕婆一樣有露出凶光的三隻眼睛，青面獠牙就算了，舌頭還像吊死鬼一樣，凌亂的頭髮以毒蛇為飾，童屍被拿來當耳環，一手還拿著頭蓋骨當茶杯生飲人血，一手拎著惡魔的頭顱晃盪，外加血水流淌，這樣的形象，鬼王也當之無愧了。

黑天女卡莉，是在降魔女神難近母和阿修羅王打得難分難解時，從難近母的額頭上翩然現身。一臉鬼氣的她手拿各種武器，脖子上還掛著一串羅剎頭當項鍊，在場的阿修羅都被她恐怖的樣子給嚇壞了。她可不像難近母光把人殺了而已，而是張著嘴噴出烈焰，還大把大把地拽起阿修羅就往嘴裡送，數萬名阿修羅還不夠她塞牙縫，連戰馬、大象也成了她的點心。

在難近母和阿修羅的這場戰鬥中，最讓她頭痛的就是阿修羅大將拉克塔維賈，因為拉克塔維賈的每一滴血都會製出無數個分身，讓難近母怎麼都殺不完，最後難近母命令卡莉吸乾拉克塔維賈的每滴血，並且吃光他所有的分身，不讓一滴血滴到地面，難近母才得以戰勝阿修羅。

卡莉最普遍的畫像或神像，是一腳踏在無法動彈的濕婆身上。

相傳這是因為卡莉在殺光所有阿修羅後，情緒太過激動，不斷腳踏大地，讓三界為之震動，濕婆只好讓她踩在腳下，希望她能夠在發洩過後快快恢復理智。事實上，這和性力派信仰視女神為至高、終極的神格有關。

對於黑天女如此顯赫的「功績」，以中國人的信仰邏輯恐怕很難理解，如此恐怖的血腥殺戮

▼由於卡莉是難近母的化身，難近母又是濕婆妻子雪山女神的化身，因此卡莉也是濕婆的妻子，頭上佩戴著濕婆的新月頭飾，額上長著濕婆的第三隻眼，同樣也能釋放毀滅之火。青藍色的皮膚、凶惡嗜血的性格，象徵毀滅，也象徵重生。（印度淡米亞那督邦旁帝切里神廟）

怎會是天神所為？但印度的宗教邏輯是「有毀滅才有重生」，暴力並不代表邪惡。卡莉是以暴制暴的印度神祇代表，表示神明也會使用殘忍毀滅的力量消除惡魔，也唯有毀滅邪惡，正義真理才有實現的空間。從這樣的宗教邏輯來看，顯然印度神更人性化了。

難近母是雪山女神的凶相化身，這樣說來，卡莉也可視為雪山女神的化身。不過，在印度的信仰中，黑天女也可以獨立祭拜，在奉祀卡莉的廟宇中普遍都設有祭壇，讓信徒可以在此殺羊獻祭。從卡莉吃人肉、喝人血來看，她和古印度土著的血祭應該有很密切的關係，連她的婢女荼枳尼都和她的主子一樣凶殘如惡鬼。荼枳尼源自孟加拉的地母信仰，無怪乎卡莉在性力派裡也象徵著生命的起源和豐饒。

此外，黑天女卡莉也被稱為「時母」，因為印度人認為時間是最可怕的，時間可以毀掉所有，讓一切歸零，而卡莉最符合這樣的形象。

黑天女小檔案	
形象	吐舌、四臂
法器	劍
神職	毀滅女神
出處	《塞犍陀往世書》

▶黑天女卡莉。難近母杜爾迦睜開額頭上的第三隻眼，自眼中噴出火焰，卡莉由此而生。和難近母一樣，手裡拿著各式各樣的其他神明獻上的兵器，吞食眾魔。（印度淡米亞那督邦堪奇普蘭神廟）

難近母 Durga · दुर्गा

傳統上，降魔女神難近母被認爲是濕婆之妻雪山神女的凶相化身，她是印度性力派的主神，通常被塑造成與惡魔戰鬥的猙獰形象，力量甚至凌駕在印度教眾男神之上。

性力派的女神信仰，是印度教非常突出的特點，她們大異於傳統女神溫柔、慈愛或象徵豐饒的形象，以比男神更威猛、剽悍且令人驚懼的面貌，贏得廣大信徒的虔誠禮敬。降魔女神難近母就是個中代表。

難近母杜爾迦是太初之母摩訶摩耶的示現（展現的神蹟），關於其出生有兩種說法：一說是濕婆之妻雪山女神的忿怒化身；一說是集濕婆、毗濕奴和梵天三大神的憤怒之火而生，因此也被稱爲忿怒女神。而她的憤怒是因阿修羅和羅刹等惡魔而起，這些惡魔戰勝天神並統治天界，讓諸神淪落凡間，而凡人的生活也因此而苦不堪言。杜爾迦以她的憤怒和威猛的戰鬥力，打敗惡魔，毀滅一切惡，也一併消除世人的驚恐和貧困。

相傳在很久以前，天神和阿修羅展開激戰，天神以因陀羅爲統帥，阿修羅則以馬希沙爲首，這場爲期百年的殘酷殺戮，讓天神從此淪落凡間，戰敗的天神跑去跟梵天、濕婆和毗濕奴訴苦，悲不可抑地向「三相神」訴說淪落凡間的辛酸，祂們又是如何在阿修羅的節節進攻下，連雷電神因陀羅、火神阿耆尼、太陽神蘇利

◀難近母從梵天、毗濕奴、濕婆和其他諸小神所噴的火焰中誕生，容顏絕美，法力高強，一場激烈的爭戰，消滅了牛魔王摩西娑蘇羅。（印度）

▲負有打敗阿修羅任務的難近母，帶著諸神所贈送的各式法器。（印度淡米亞那督旁帝切里）

耶、死神閻摩、水神伐樓那都戰敗了。

聽到眾神的悲泣，梵天憤怒地張開眼睛，濕婆神的第三隻眼也睜開了，毗濕奴也打開了雙眼間的第三眼，當「三相神」顧目相視時，宇宙間最強大的力量結合了起來，燃燒起憤怒的烈焰，在烈火中一個絕美但力量驚人的女神難近母誕生了。毗濕奴的力量成爲她的雙手，梵天的力量成爲她的雙腳，閻摩的神力則成爲她的頭髮……，由於她是集眾神之力所生，因此可以說是宇宙力量的結晶。

眾神看見她，如同見到救世主，紛紛獻出祂們最強大的武器與法寶，林林總總的法器象徵著諸神的法力，難近母於是一無所懼地和阿修羅對決。這場神魔大戰雖然殺得天地變色，但戰力卻一面倒，前後打了十天，在難近母撕裂怪物馬希沙身體後，戰爭終於宣告結束。

難近母和阿修羅的爭戰，不只這一次。有一回，同樣被阿修羅打敗的天神一起齊聚在雪山祈禱時，雪山女神剛好到此準備沐浴，當她知道天神何以如此悲傷時，她的身體分化出了一個巨大的女神，這個雪山女神的忿怒化身就是難近母杜爾迦。這場神魔大戰打得更是激烈，而恐怖女神卡莉就是難近母在這次戰爭中從額頭誕生的另一個血腥化身。

關於難近母和阿修羅的戰爭都記錄在《女神的榮光》裡，而這部在往世書後期所誕生的故事，將女神的地位從吠陀時期的從屬角色，拉抬到主神地位，開啟印度性力派女神的信仰。

以下是降魔女神難近母在戰勝阿修羅時所做的宣示：「我是願望的賜予者，哪裡有飢荒，哪裡的大地沒有雨水，我會應聖人的呼應而來減輕他們的痛苦……，誰若唱起我的讚歌，向我禱告，我都會照顧他們的福祉，救他們脫離所有的不幸……那些唱誦我榮光的家庭，那些保護我信眾的人，我會為他消滅所有疾病和憂慮，我的信眾不會做惡夢，不會被妖魔鬼怪所傷，所有的不幸都將完結。」

印度在每年九月到十月間，都會舉行盛大的難近母節，連續狂歡十天。信徒會製作莊嚴巨大的難近母像，女信眾還會在身上彩繪。在節慶最後一天，信徒會將難近母的神像浸入恆河中，表示周而復始之意。

難近母小檔案	
法相	黃色皮膚、十手
坐騎	獅子
法器	三叉戟、蛇、弓箭、蓮花
神職	降魔女神、忿怒女神、戰鬥女神
出處	《塞犍陀往世書》

▶難近母杜爾迦，是濕婆妻子雪山女神的化身，也是太初之母摩訶摩耶的示現，坐騎是獅子。（印度）

荼枳尼 Dakini · डाकिणी

在日本普遍被視為福神的荼枳尼天，在印度的原型卻是個令人害怕、有如惡鬼的女神，能預知人的死期，吃掉人的心臟。

喜歡閱讀日本怪譚的讀者，應該對荼枳尼天不陌生，她經常會與靈狐一起出現，也和稻荷神一同祭祀，是五穀神的使者。但在她的故鄉印度，其原型卻是個恐怖的食人夜叉；但到了西藏，又變成護法女神空行母，有些空行母甚至是佛、菩薩的明妃。

據考證，荼枳尼的起源應與孟加拉的地母信仰有關，而印度神話中的荼枳尼，卻是以鮮血和人肉為食，並能預知他人死期（在六個月前就準備好要去吃掉亡者的心臟），所以被當成邪惡的羅剎女，甚至把在屍林（堆積屍體的林地）啃屍的胡狼視為荼枳尼的化身。

遠渡重洋到了日本的荼枳尼，角色卻有了極大的轉變，不但成為狐仙大人，也成為五穀神的使者。日本神話中的荼枳尼，原本是食人夜叉鬼，因為臣服於大日如來的威神力，從此成為善神。據傳德川家康統一天下的大業，就獲得荼枳尼極大的幫助，德川家康為了報答神恩，就在江戶地區廣設荼枳尼廟，但荼枳尼的力量太強大了，嚴重威脅到日本的神明，所以聯手起來抵制她，最後荼枳尼只好去和日本的稻荷神擠在小小的稻荷神社，接受信徒香火。香火傳到後來，日本人

就把原本是令人膽寒的食人夜叉鬼，當成是善於魅惑眾生的狐狸精了。

在藏傳佛教中，荼枳尼搖身一變成為空行母（證悟空性的女性），形象清新且充滿證量，一掃食人夜叉的陰暗氣息，甚至和上師、本尊同稱為根本三尊，可見其地位之崇高。藏密宣稱空行母是諸佛理體之化現，當修行人開悟的時候，空行母會飛到他的周圍替他慶賀。在西藏，僧俗都對空行母信賴有加，一般民家也供奉空行母作為保護神。

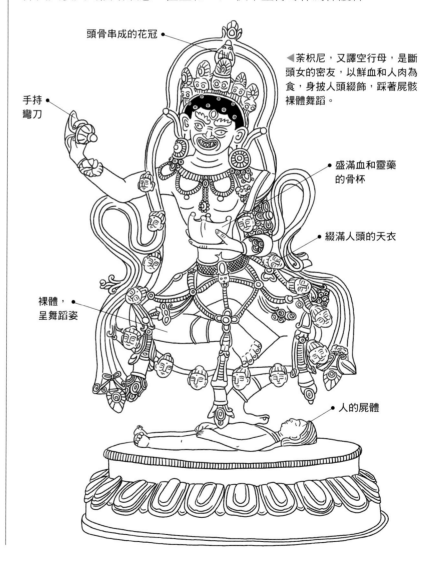

頭骨串成的花冠

手持
彎刀

◀荼枳尼，又譯空行母，是斷頭女的密友，以鮮血和人肉為食，身披人頭綴飾，踩著屍骸裸體舞蹈。

盛滿血和靈藥的骨杯

綴滿人頭的天衣

裸體，
呈舞蹈姿

人的屍體

林伽 Linga · लिङ्ग

林伽意指印度教濕婆神的陽具，是濕婆的典型象徵，為印度教濕婆派或性力派崇拜的圖騰。
陽具崇拜的信仰形式在古老宗教中不難發現，但像林伽這樣赤裸直接就相當少見了。

◀林伽是濕婆的陽具，為印度教濕婆派和性力派崇拜的男性生殖器形象，象徵濕婆神。林伽以約尼（女性的陰戶）為底座，兩者結合象徵生殖、創造的力量。這種崇拜最早可以追溯至五千年前印度河谷文明。不只是供奉於印度全國各地的濕婆廟宇，在信徒住宅的濕婆神龕中也能看見。（印度奧利剎邦普里）

▲雙林伽。除了單一林伽，也有同時呈現兩個林伽的雕塑。（印度奧利剎邦）

　　林伽通常都是呈勃起狀，並以「約尼」（濕婆神妻子雪山女神的陰戶）為底座配成一組，乍看之下，倒是很像中國老式磨米漿的石磨。林伽和約尼的組合，在印度教代表生命力，象徵生殖、創造的超自然神力，是宇宙之源和最高的力量。

　　到過印度教興盛的南亞或東南亞的人，大都會去「朝見」林伽，畢竟濕婆是印度教最重要的神祇之一，濕婆派的信徒甚至將林伽飾物直接掛在身上，當作護身符或幸運物。在濕婆廟或有供奉濕婆神的廟宇，幾乎都會看到林伽，而且很多時候是只見林伽不見濕婆神尊，一般民家也是把林伽直接當成濕婆神祭祀，這是印度教信仰頗耐人尋味的一環。

　　陽具崇拜在古代祭祀中屢見不鮮，但像林伽這樣直到二十一世紀還有如此赤裸的崇拜，就相當罕見了。濕婆神不僅陽具異常碩大（稱得上「上窮碧落下黃泉」），據說他一次性愛的時間甚至可長達千年，而他的精液則匯流成恆河，孕育出印度文明。

　　對於濕婆的性力崇拜，不光只有祭祀，還包括了男女性愛的修煉。性力派信徒宣稱除了一般例行的修行之外，他們也透過對性愛的深刻體會，從中達到極樂以便親炙神明，讓靈魂和宇宙合為一體。這種思想和修煉方式，也影響了藏傳佛教的部分教派。

象頭神 Ganesa • गणेश

象頭神格涅沙是印度教的福德及除障礙之神，祂是濕婆和雪山女神的兒子，神像造型奇特可愛，頂著一顆大象頭，挺著圓滾滾的肚子，屈著一邊膝蓋坐在老鼠身上。

神斧

因抄寫史詩把筆寫禿了，就折斷象牙以牙代筆

書寫摩訶婆羅多的筆，為智慧女神所贈

大地女神送的老鼠，是象頭神的坐騎

在印度諸神中，象頭神算是相當受歡迎的神祇，象徵福德和智慧，而這正是凡人最想要神明賜予的祈願，在東南亞或南亞國家稍具規模的商店，都會在店中供奉象頭神，祈求招來好運。祭祀是印度人生活的重心，對文藝工作者或學生來說，最常祈禱的神明就是智慧女神和象頭神。智慧女神在印度的神性與神職，比較像是道教的文昌帝君；而象頭神則有掃除一切障礙、邁向成功的能力。因此印度習俗，在學習之前會吟誦智慧之神象頭神的讚美詩歌來祈福。

象頭神是印度大神濕婆和雪山女神的兒子，為何會成為象頭人身？事情是這樣的：濕婆神婚後仍不斷前往雪山苦行，經常獨守空閨的雪山女神有一天就用法力將身上的體垢化成一個活潑可愛的小男孩，取名格涅沙。有一次雪山女神洗澡時，讓格涅沙守在自家山洞口，吩咐祂別讓任何人進來。沒想到離家多年的濕婆卻在此時回家，一看到有個小男孩在家，就已經感到莫名其妙了，而這個小孩還堅持不讓祂進家門，原本脾氣就不好的濕婆火氣一上來，拿起手上的三叉戟一揮，小男孩的頭就不見了。

洗完澡出來的雪山女神，看到孩子竟被不知情的丈夫給殺了，自然悲痛萬分，懊惱不已的濕婆出門時剛好碰到一頭大象，就砍下那頭大象的頭安裝在格涅沙身上，格涅沙復活後，從此就成了象頭人身的模樣。

看到妻子欣喜的模樣，濕婆神感到很開心，於是立象頭神為「群主」，即神兵神將的統領。智慧女神也為象頭神稍來祝福，送給祂筆和墨水，讓祂成為學識之神，同時也是商人和旅人的守護神；大地女神則送給象頭神一隻老鼠當作坐騎。

仔細瞧瞧，你會發現象頭神的

▲象頭神格涅沙是濕婆之子，身旁也常有濕婆的坐騎難丁相伴。印度人從家中到廟宇都會拜象頭神，相傳濕婆神砍了自己小孩的頭，後來找到象頭才救了一命，但妻子雪山女神仍不滿意，要求各廟宇門前都要放置象頭神。因此現在印度各廟宇門前，都會先看到象頭神。（印度淡米亞那督旁帝切里神廟）

象牙有一邊是折斷的，不要以爲這是神像年久失修的關係，這其中可是有典故的。相傳象頭神是印度大史詩《摩訶婆羅多》的記錄者，當格涅沙聽到廣博仙人要始講述《摩訶婆羅多》時，便自告奮勇爭取攬下記錄史詩的工作，但是廣博仙人要求他必須擁有不眠不休書寫的能力。象頭神回答，只要仙人不住口，祂就不停筆。沒想到，這篇史詩實在太長了，讓格涅沙寫壞了神筆，情急之下只好拔下自己的一邊牙齒充當筆繼續抄寫，此後格涅沙就少了一根牙。

印度民俗在每年八月至九月期間的月圓之日祭拜象頭神，準備的供品包括甜米糕、椰子水、花冠、花環、香枝、香花水、鮮果、樟腦及糖果。祭拜時，先以順時針方向合掌繞神像走三圈讚誦象頭神，然後還要交叉雙手握住耳朵，然後跪上跪下。最後再十指交叉緊扣，分別用十指的每個中節扣額頭三次，表示信徒自我警惕，不要忘了象頭神。透過這樣的儀式，也會獲得象頭神的庇佑。

象頭神小檔案

配偶	布提、悉提
法相	象頭、四臂、大肚
坐騎	老鼠
神職	福德、智慧之神
出處	《梵轉往世書》

▲象頭神和他的妻子。在往世書中，象頭神有兩位妻子，布提與悉提。但其他的文獻也表示，象頭神並沒有配偶。象頭神身邊的女性究竟是他的妻子，還是母親雪山女神，可以從象頭神造型的童稚程度、擁抱與否來判斷。（印度）

塞犍陀 Skanda · स्कन्द

印度神話中的戰神塞犍陀，是天神為了打敗阿修羅多羅迦，撮合濕婆和雪山女神所生下的兒子。塞犍陀是天界神軍的統帥，在佛教被尊為韋陀天，有趣的是印度小偷也以祂為保護神，大概是因為相傳塞犍陀跑得快吧！

▲騎著孔雀的塞犍陀。（印度淡米亞那督邦旁帝切里）

濕婆和雪山女神婚後甜蜜，兩人的歡愉震動大地，眾神忍著驚恐，期待濕婆的兒子趕快出生，以便盡早打敗無人能敵的阿修羅多羅迦，收復眾神的天國。但千年過去了，濕婆和雪山女神的歡愛仍未結束。於是眾神在毗濕奴的帶領下，來到雪山禮拜和讚美濕婆，毗濕奴一邊讚誦一邊流淚，讓濕婆神大受感動，於是將祂的精液灑在地上，說：「如果你們有能力接納我的精液，那就拿去生兒子，打敗多羅迦吧！」

在眾神請求下，火神阿耆尼變成鴿子吞下濕婆的精液，然後前往聖地般羅那伽，吞下的精液透過毛孔讓正在洗澡的六位仙人之妻一起受孕，產下了六個頭的戰神塞犍陀，分別接受六位仙女的哺育。

後來濕婆和雪山女神接回塞犍陀撫養，天神紛紛給予祝福並賜予塞犍陀神器，毗濕奴給了神杵和神盤，因陀羅給了神象，濕婆給了三叉戟，吉祥天女則送出了一枝蓮花。接著天神要求濕婆讓塞犍陀成為神軍統帥，出發攻打阿修羅多羅迦。

打前鋒的是因陀羅，但無論祂如何揮動金剛杵應敵，都無法傷害多羅迦；接著，毗濕奴加入戰局，拿著神杵向多羅迦劈去，神杵卻被多羅迦用神箭射成兩截。後來，濕婆終於用三叉戟砍傷了多羅迦，但自己也受到重傷。塞犍陀一看到父親受傷，憤怒地大聲咆哮，讓多羅迦心驚膽顫，但還是奮力和塞犍陀對戰。這一戰，打了數個晝夜，直到天地變色，最後塞犍陀終於用長矛刺死了多羅迦，恢復天神的地位。

塞犍陀小檔案	
配偶	提婆詩娜
法相	六頭十二手
坐騎	孔雀
神職	戰鬥之神
出處	《塞犍陀往世書》

象徵濕婆的第三隻眼

坐騎為孔雀

▶六面童子戰神塞犍陀，出生六天後就長成強壯的大人，第七天就帶領天軍將惡魔阿修羅殺死，得到諸天的讚歎。（印度淡米亞那督邦旁帝切里）

難丁 Nandin・नन्दिन्

印度人將牛視為聖獸，而濕婆大神的坐騎就是一頭名叫「難丁」的大白牛。在遍及全印度大大小小的濕婆廟，一定會看到白牛難丁忠實地鎮守在廟前，甚至有些地方還另外建造供奉難丁的小廟。

◀聖牛難丁是濕婆的坐騎，不只在印度，也深受古代吳哥王朝崇拜。（柬埔寨吳哥遺跡神牛寺）

▼印度人從古至今耕田和運輸都要靠牠，牛奶製成品和各種奶副食品也得依賴牠，牛的糞便又可用作燃料和肥料。印度教典籍明確規定，禁食牛肉，印度牛又是濕婆神坐騎，因此，對牛還要尊敬地頂禮膜拜。（印度淡米亞那督邦馬都賴）

　　難丁是濕婆神的坐騎，總是忠誠地跟著濕婆到處征戰，而濕婆的大小老婆也常騎著難丁參加諸神盛宴，或執行賞善罰惡的任務。為了濕婆自焚的原配薩蒂，就是騎著難丁回娘家跟父親達夏理論；而濕婆神妃之一的難近母，身邊也常有難丁作陪。難丁不但忠實守護著濕婆，連同大小神妃也一併小心伺候著。還有一種說法，說濕婆兒子象頭神脖子上的那顆象頭，就是難丁出面替濕婆張羅的。

　　鎮守在濕婆廟前的難丁，不論是臥或站，身上總是掛滿信徒虔誠奉上的花環，難丁替濕婆分勞解憂，也分享了主人的榮耀。在參拜過濕婆和難丁之後，信徒會向廟方乞來一種白粉塗在額頭上，據說可以消災祈福，那種白色粉末就是牛糞燒成的灰。不僅如此，印度人還將牛尿當成有病治病、無病強身的滋補藥飲呢！

　　濕婆神在印度教裡地位崇高，連帶的，其身下坐騎的白牛也成了受人尊敬的聖獸。走在印度街頭上，很難不去注意到一頭頭像大老爺般悠哉逛大街的牛，全印度據說有超過兩億多頭的牛，有些牛老了還有安養院可住，說印度是牛的天堂，還真是不誇張。印度人對牛的尊敬，除了愛屋及烏的心態，跟印度是農業國家也密切相關。《吠陀》經典就認為，奶牛是神聖的，是宇宙之母、過去與未來之母、眾神之母，也是最重要的事物。

毗濕奴 Vishnu · विष्णु

毗濕奴是印度教的三大主神之一，負責維持並守護這個宇宙。祂在印度神話裡的形象極為正面，是賞善罰惡、大慈大悲的典型神祇。毗濕奴有十個著名的化身，分別是魚、龜、野豬、人獅、侏儒、持斧羅摩、羅摩、黑天、佛陀與卡爾吉。

▲毗濕奴與眾神。那迦以自己的身體為毗濕奴的床，以張開的頭為毗濕奴遮蔭。在毗濕奴化身佛陀時，天降大雨，洪水橫流，此時佛陀即將悟道，那迦蜷曲身體，將佛陀托起，使其不受洪水侵襲：並張開頭部，為佛陀擋雨。（印度）

　　毗濕奴在吠陀時代尚未嶄露頭角，其地位在梵書時期才逐漸上升，到了往世書年代，才確定了毗濕奴在印度教中的地位，並擁有為數極多的信徒，甚至有特別信仰祂的毗濕奴教派。

　　毗濕奴神話最大的特點，就是所有的神蹟和豐功偉業通通都是由化身所完成，最為人所知的十個化身是魚、龜、野豬、人獅、侏儒、持斧羅摩、羅摩、黑天、佛陀與卡爾吉，每個化身都是為了拯救世界。事實上，毗濕奴的化身無所不在，很難用明確的數字來說明祂到底有多少個化身，從毗濕奴擁有一千個不同的名字就可見一斑，其中幾個比較常見的是哈里（Hare）、那羅延天（Narayan）、瑪達瓦（Madhava）、克夏夫（Keshav）與穆坎德（Mukand）。尼泊爾人甚至將國家歷任的統治者，都視為毗濕奴的轉世化身。

　　毗濕奴的坐騎是金翅鳥王迦樓羅，妻子是吉祥天女拉克希米，兩人感情好到就算是投胎轉世也要生生世世做夫妻。當毗濕奴轉世成為黑天、羅摩時，吉祥天女就轉世為祂的配偶拉達、悉多，當毗濕奴轉世成佛陀時，吉祥天女就轉生為耶輸陀羅（佛陀出家前的妃子）。在印度教的毗濕奴信仰中，很多信徒供奉的是祂的化身羅摩或黑天，而在一般神廟中的毗濕奴神像造型，大都是四隻手臂，坐在蓮花上。四手分別拿著神盤、法螺、權杖和蓮花，另外還有一張弓和一支寶劍。毗濕奴另一個常見的形象，則是躺在千頭巨蛇阿難陀上面。

　　毗濕奴原是護持宇宙的神祇，但在後來的信仰中，毗濕奴也有創造和破壞宇宙的能力。這樣的演變和濕婆神幾乎如出一轍，也就是信徒不斷地幫自己所信仰的主神加料「升級」，到最後所有的神通都無所不能了。

　　在大洪水的神話故事裡，毗濕奴曾化身為俊美的少年，救了摩根德耶仙人，摩根德耶在毗濕奴的肚子裡看到了整個宇宙，包括山河、大地、人類、動物和眾神，於是他了解到整個世界原來都包括在毗濕奴之中。另一則神話也提到，在宇宙每一次的毀滅

之後，毗濕奴就將宇宙放到自己的肚子裡，然後睡臥在千頭之蛇阿難陀身上。等祂從沉睡中甦醒，會開始思考如何再度開創宇宙，這時祂的肚臍上會出現一朵蓮花，蓮花又生出梵天，於是梵天又開始從事下一次的宇宙創造，天地萬物再次生成。

毗濕奴的信仰在印度極為盛行，而毗濕奴教派的信徒認為，只要默念毗濕奴的名號和修行瑜伽，就可獲得最終的解脫。信奉毗濕奴的信徒認為，毗濕奴希望信徒能本著虔誠心敬神，而不是心懷恐懼，因此他們主張不殺生、苦行和禁欲，也不以動物作為犧牲獻祭，這和濕婆派的信仰主張形成強烈對比。南印度毗濕奴派的信徒，還會在額頭畫上三叉形捕魚叉作為標記。

神盤

寶螺

與願印

毗濕奴小檔案	
武器	神盤
配偶	吉祥天女
坐騎	金翅鳥
神職	護持之神
出處	《梨俱吠陀》

▲十至十一世紀時，印度旁遮普的四臂毗濕奴石雕，材質為砂岩。（美國紐約大都會博物館）

吉祥天女 Lakshmi · लक्ष्मी

吉祥天女是印度教大神毗濕奴的妻子，毗濕奴歷經數次的轉世化身，吉祥天女總是忠貞的愛相隨，而她又是財富、幸福和美的象徵，因此在印度被視爲宜室宜家的好妻子典型，在印度當新嫁娘要入夫家門時，一旁的親友團都會大聲地說：「歡迎我們家的吉祥天女入門！」一般商家也虔誠祀奉吉祥天女，希望她能帶來財富。

蓮花

施無畏印

與願印

▲拉克希米集財德福於一身，是給人帶來幸福的女神。在印度，從家庭到廟宇都可以看到信徒膜拜。（印度淡米亞那督邦奧洛維里）

吉祥天女是天神和阿修羅在攪拌乳海時，從乳海中出現的十四件寶物之一，當她一身皎潔、豔冠群芳的從乳海中緩緩升起，立刻擄獲所有人的心，濕婆第一個表明要爭取她，但因爲濕婆已經從乳海拿了月亮，而吉祥天女也屬意於毗濕奴，於是她成爲毗濕奴最忠貞的伴侶。當毗濕奴化身爲持斧羅摩，吉祥天女就是他的陀羅尼，在毗濕奴轉世爲黑天時，她就是拉達，當毗濕奴成爲《羅摩衍那》的羅摩，她就是跟著他流亡的悉多。

印度是個男尊女卑的國家，吉祥天女自然受到印度父系社會的高度推崇，而忽略了她也是印度密教十大明天女中的一員，稱爲蓮花女。當她和其他大明天女一樣呈現忿怒尊，和阿修羅作戰時可是既凶狠又恐怖，這時她的身體是藍色的，鮮紅頭髮怒髮衝冠，頭冠上有五顆骷髏頭，三隻眼睛瞪得老大，右手拿著作戰用的棒子，左手拿著人的頭蓋骨裝血喝，騎在一匹騾子上飛行於天上、地上和地下三界。

在古老的印度密教神話中，稱爲蓮花女的吉祥天女與其他天神，甚至和惡魔、精靈都有過密

▲ 神廟屋頂的毗濕奴主題神像。左起：毗濕奴的化身人獅、野豬、拉克希米、毗濕奴、羅摩、黑天。（印度淡米亞那督邦旁帝切里）

切關係，雖然她經常以跪坐在毗濕奴身邊的溫婉形象，和毗濕奴一起接受信徒香火，但當她被單獨供奉時，她是以最高存在的身分，在照顧她廣大的信徒。

也稱為摩訶室利或拉克希米的吉祥天女，一說是仙人普力古的女兒，她還有個姊妹叫做不吉祥天女。世人當然是巴不得吉祥天女可以整天都跟在身邊，但對她

▼ 拉克希米是印度最受歡迎的女神，四處都可見到手持蓮花、佩帶金飾的形象。（印度古加拉地靈修中心）

的姊妹可就是敬而遠之了，吉祥天女的姊妹是黑暗天女，也就是不吉祥天女的意思。在印度的神像圖譜中，黑暗天女被畫成是一個頭髮乾枯、相貌醜陋，連衣服都顯得襤褸，一副倒楣像的醜八怪，恰好和吉祥天女的柔美富貴，形成兩個極端。

世界上有誰會願意讓不吉祥進家門呢？於是在念誦吉祥天女咒之前，印度人還會先誦念趕走不吉祥天女的咒語，拜託她千萬不要跟著她的姊妹一起來。吉祥天女和不吉祥天女其實就是代表世事的一體兩面，有光明就有黑暗，有好事當然就有壞事，有人富貴就有人貧窮，青春美麗也不會一直駐足在某人身上，世事不就是如此嗎？

但世人就是對美好的事物特別渴望，吉祥天女不只在印度教普受推崇，藏傳佛教也將吉祥天女當成崇拜的對象，釋迦牟尼佛就

曾對所有渴望財富，希望袪除一切貧窮不祥的信徒開示《佛說大吉祥天女十二名號經》，表示：「若能晝夜三時讀誦此經，每時三遍，或常受持不間，作饒益心隨力虔誠供養大吉祥天女菩薩，速獲一切財寶豐樂吉祥。」

日本人也對吉祥天女禮敬有加，不過日本人將吉祥天女當成是毗沙門天的妻子，也就是印度財神俱毗羅的妻子，在印度密教神說中，俱毗羅是因為和吉祥天女在一起，才能夠擁有全世界的財富。身為七福神之一的吉祥天，在日本的神職是掌管五穀豐收和福氣臨門，是一個會帶來幸福的女神。

吉祥天女小檔案

配偶	毗濕奴
吉祥物	蓮花
坐騎	白色貓頭鷹
神職	財富女神
出處	《耶柔吠陀》

毗濕奴十化身 Avatar・अवतार

魚、龜、野豬、人獅、侏儒、持斧羅摩、羅摩、黑天、佛陀與卡爾吉，印度教大神毗濕奴最廣為人知的十個化身，分別對應出十個著名的故事。

▲「薄迦梵歌」主題掛毯。黑天對阿周那表明自己是毗濕奴的化身之一。畫面左右兩旁各五個圓圈，描繪著毗濕奴的十個化身。

魚：相傳有一回梵天沉沉入睡，整個世界都漂浮在瀛水之中，惡魔悄悄來到梵天身邊，偷走四部《吠陀》，企圖毀滅世界和真理。於是毗濕奴化身為魚，戰勝惡魔搶回四部《吠陀》，等到大水退去，毗濕奴才將梵天真正的靈魂傳授給祂，並恢復了四部《吠陀》。

龜：眾神和阿修羅決定一起攪拌乳海並均分甘露，等他們準備好一切時才發現，少了能夠支撐雄偉曼陀羅山的攪拌基座，於是毗濕奴化身成碩大無比的大龜，潛入海中當基座，歷經數百年才完成攪拌乳海的工作，取出長生甘露。

野豬：在某次的世界毀滅之後，毗濕奴準備再次從宇宙之海創造世界。這時祂看到一片荷葉漂浮在海上，心想荷葉的根必定長在地上，於是祂化身成野豬潛入海底，並將海底的陸地拖到海面上，然後吩咐梵天開始創世。不料梵天被希蘭夜叉所惑，不但《吠陀》被偷走，陸地也被拖回海中。毗濕奴化身的野豬再潛入

▲毗濕奴化身人龜。（印度淡米亞那督堪奇普蘭）

海中，和希蘭夜叉展開爲期千年的大戰，最後終於用獠牙刺死希蘭夜叉，奪回《吠陀》，並將陸地再次拖上海面。

人獅：就像兄弟希蘭一樣，夜叉王希蘭耶格西布也從梵天那裡得到免受人、神、獸傷害的恩典，而且不論白天或黑夜、屋裡或屋外都不會受到傷害。這時的他不可一世，要所有人都只能信仰他，不准信仰其他神。但偏偏他的兒子普拉赫拉達卻一心虔祀毗濕奴。一天傍晚，夜叉王決定動手殺子，毗濕奴便化身成人獅，從石柱裡躍出，輕易地撕碎了魔王。時間剛好不是白天也不是晚上，地點也不在屋內或屋外，而是在宮殿門口。

侏儒：這是毗濕奴在吠陀時代最廣爲人知的「三步」傳奇故事。相傳魔王巴里野心勃勃，一心想要統治三界，在他驅逐天神之後，毗濕奴化身成矮小的侏儒，前去向巴里乞討三步的土地，魔王心想身矮腿短的侏儒一步能有多大？於是就答應了。沒想到侏儒邁開的第一步就跨越了大地，第二步跨越了天界，但念在魔王還算勤政愛民的份上，侏儒保留了第三步，將冥界留給了魔王。

持斧羅摩：在一個刹帝利殘酷對待其他種姓，導致生靈塗炭的時代，毗濕奴化身爲羅摩，用濕婆給祂的斧頭與刹帝利對決，毗濕奴殺光了施行暴政的刹帝利所有男子，維護了婆羅門主導世界的權利。

羅摩：毗濕奴化身成史詩《羅摩衍那》的男主角，也就是拘薩羅國十車王的嫡長子羅摩，在自願放逐期間，羅摩爲了拯救被魔王抓走的妻子悉多，和神猴哈奴曼聯手大破楞伽城，殺死十首魔王羅波那，成功救回悉多，最後回國繼位爲國王，施行仁政，受

▼毗濕奴化身人魚。（印度淡米亞那督堪奇普蘭）

▲毗濕奴化身人獅。（柬埔寨吳哥遺跡女皇宮）

民愛戴，流芳百世。

黑天：這是毗濕奴最著名的化身，至今仍常以黑天形象接受信徒香火。黑天是雅度族公主的第八個兒子，出生不久，惡王剛沙得知自己將被妹妹的第八個兒子所殺的預言，於是剛沙王殺害了妹妹的所有孩子，所幸黑天逃過殺戮，被收養在一個牧人家中。在他成人後殺了惡王剛沙，並幫助般度五子贏得王權。

佛陀：相傳毗濕奴曾化身爲佛教創始人釋迦牟尼佛，開創了一個世界性的宗教。

卡爾吉：這個化身至今尚未出現，等到人類的道德淪喪到極點，不但天地不仁，人類世界也充滿詐欺、肉欲橫流，最後連文明的外衣也失去後，毗濕奴將駕著白馬卡爾吉，穿行世界毀滅一切邪惡，重新恢復美德和眞理，建立宇宙的新秩序。

金翅鳥 Garuda · ครุฑ

金翅鳥是印度神話中的鳥王，祂是仙人迦葉波和維妮塔的兒子，也是印度教大神毗濕奴的坐騎，能夠降龍伏魔並帶來豐收。

▲泰國的國徽就是金翅鳥，象徵其威猛、機智的力量。

對於金翅鳥一名，或許大家不是那麼熟悉，但若說祂正是佛教護法「天龍八部」中的迦樓羅，應該就不會太陌生了。金翅鳥是泰國皇室的象徵，泰國的警察局門口都可看到金翅鳥像。印尼和泰國的國徽上都有金翅鳥，印尼航空、泰國護照以及兩國國旗上也可見到金翅鳥的圖騰。有趣的是，金翅鳥傳到日本後，竟然成為烏鴉天狗。

金翅鳥是仙人迦葉波和維妮塔的兒子，維妮塔因為和她的姊妹（蛇族之母卡杜）打賭輸了而成為卡杜的奴婢，金翅鳥為了救母只好答應蛇族要求，前往天界盜取不死甘露。金翅鳥一路上和眾神激戰，但眾神都不是金翅鳥對手，最後金翅鳥雖然敗給了因陀羅，但因陀羅也賠上了金剛杵。後來金翅鳥在盜得甘露的歸途上遇到毗濕奴，雙方打得難解難分，毗濕奴念在金翅鳥一身神力又是為了救母，答應將甘露暫時借給祂，並給了金翅鳥不死之身，金翅鳥於是臣服於毗濕奴，願意當其坐騎以為報答，並請求毗濕奴讓祂報仇。

祂假意拿著甘露前去救母，將甘露先放在俱舍草上，然後欺騙蛇族必須先沐浴淨身，這樣服用甘露才會靈驗。趁著蛇族通通跑去洗澡之際，金翅鳥帶著母親逃跑，而因陀羅則拿回甘露溜之大吉。等蛇族回來後找不到甘露，雖然生氣，但仍抱著一線希望，拚命舔著草地，看看能否幸運舔到一兩滴不小心灑出來的甘露，但舌頭卻被鋒利的俱舍草給割傷，從此裂為兩半。

金翅鳥是印度神話中的靈獸，身軀巨大無比，佛教《長阿含經·龍鳥品》中說，當祂展翅飛翔時，寬幅達到三百三十六萬里，揮翅搧動海水時，海面會分開兩百由旬，祂從海中抓龍來吃，每天要吃掉一隻龍王和五百隻小龍。事實上，佛經所說的龍就是指蛇的意思。要注意的是，印度教所指的金翅鳥只有一隻，但佛教指的卻是一類。

印度是個多蛇國家，金翅鳥之所以會受到印度人崇拜，跟祂是毒蛇的剋星不無關係。印度人在

▶金翅鳥和那迦之間的恩怨糾葛，也就是鷹與蛇永遠纏鬥不休的原因。（柬埔寨吳哥遺跡女皇宮）

野外時，經常會念誦《迦樓羅咒》祈求金翅鳥保佑，不要受到毒蛇攻擊。在藏傳佛教中，金翅鳥的神職是袪除任何的邪障，藏人會在家中佛龕或大門口貼上金翅鳥的圖騰，或是在日常修行中觀想金翅鳥本尊，祈求不染惡疾、業障消除、袪除邪魅以及五穀豐收。

在中國，金翅鳥被稱為大鵬鳥，而大鵬鳥又屬於鳳凰的一種。相傳大鵬鳥非常巨大，一展翅可日行萬里，因此才有成語「鵬程萬里」。據說宋朝名將岳飛就是金翅鳥轉世，他前世一時衝動在佛陀面前啄死了二十八星宿之一的「女土蝠」，因此轉世後被貶往北宋投胎為岳飛，而女土蝠就是秦檜的妻子王氏。

在日本，鳥頭人身的金翅鳥變成了天狗族一類，稱為烏鴉天狗。在民間鄉野怪譚中角色吃重，日本人認為天狗這種妖怪經常在林中拐人迷路，而被天狗拐去的人就被稱為「神隱」。日本動畫大師宮崎駿的奧斯卡金像獎大作「神隱少女」，就是講述少女千尋一家被神隱的故事。此外，天狗還會障人修行，附身在僧侶身上讓他們生病，平安時代的僧侶還曾和天狗有過大鬥法，日本人更把天狗的出現，視為是天下大亂來臨的前兆。

金翅鳥小檔案

配偶	毗那衍妮
法相	半人半鳥
神職	鳥王、毗濕奴坐騎
出處	《摩訶婆羅多》

人面

鷹嘴

人身

背生雙翅

▲ 金翅鳥武藝高強、身形巨大，是毗濕奴的坐騎。（印度奧利剎邦）

乳海攪拌 Samudra manthan • समुद्र मथन

　　乳海攪拌是相當出名的一則印度教神話故事，印度教神廟中經常可以見到這則神話故事的相關浮雕，例如觀光客必定駐足觀賞的景點——柬埔寨吳哥窟的乳海攪拌壁畫。

▲執著劍與法輪的毗濕奴，化身為龜，托起曼陀羅山。左邊是阿修羅（惡神），右邊是修羅（善神）。攪拌乳海產生的霧氣和水花生成了飛天阿帕莎拉；巨大的攪拌力量將水底下的生物撕裂成碎片。（柬埔寨金邊皇宮）

　　相傳天神和阿修羅原本一起生活在須彌山上，那時天神雖然比一般人長壽，但最終還是得面對死亡。有一回天神和阿修羅為了生老病死的問題，吵得幾乎要動起手來，梵天出面調停時，告訴大家在大海底下藏有不死甘露，只要大夥兒動手攪拌大海就能夠取得甘露。於是，天神和阿修羅決定一起合作攪拌大海，事成之後大家一起再均分甘露。

　　天神和阿修羅想到用高聳入雲的曼陀羅山當攪拌棒，並情商蛇王瓦蘇吉當纏住曼陀羅山的攪拌繩，然後由毗濕奴大神化身為大海龜當成攪拌基石。不過曼陀羅山雖然適合當攪拌棒，但如何將地上和地下合計兩萬四千里的大山連根拔起，可是個大問題。於是梵天和毗濕奴請來神力可以力拔山河的大蛇舍沙，舍沙將身體纏繞曼陀羅山數圈後用力一拔，整座曼陀羅山連同山上的動植物一起被舍沙給拔了起來，並帶到了海邊。

　　水神伐樓那看到眾神和阿修羅帶著曼陀羅山一起前來的這等大陣仗，以為是要來鬧事，連忙阻止，眾神和阿修羅便答應在取得甘露後，也算水神伐樓那一份，

▲吳哥寺的乳海攪拌壁畫，為「乳海攪拌」這個主題的代表作，舉世知名。圖為阿修羅的一側，三層如金字塔般的頭顱，是辨識阿修羅或惡魔的主要特徵。（柬埔寨吳哥遺跡吳哥寺）

才獲得祂的同意攪拌大海。

於是瓦蘇吉纏繞住曼陀羅山，天神和阿修羅決定分持瓦蘇吉的頭和尾，共同攪拌大海。但生性多疑的阿修羅心想握著蛇頭，工作一定比較輕鬆，於是搶著要掌蛇頭，兩隊人馬於是互換位置。接著毗濕奴化身成大海龜，潛入海中當攪拌支點，攪拌大海的大工程終於開始了。

天神和阿修羅日夜不停地攪動蛇身，每轉一下，蛇王瓦蘇吉就從口中噴出一口火焰和煙霧，阿修羅這隊人馬被燻得灰頭土臉，而當煙霧升空成為烏雲飄到蛇尾時，天神則是覺得好涼快，可以稍微喘口氣。攪拌時，轉動的曼陀羅山發出轟然巨響，山上的樹木、動物不斷掉落海中，而摩擦時產生的火焰則焚燒著森林，無數飛鳥走獸化為灰燼後被大雨沖入大海，更提高了甘露的神效。

攪拌大海的日子就這樣一天過

一天、一年過一年，數百年過去了，海水也漸漸地攪成乳汁，這時一輪明月從海中升起，濕婆神隨手就將月亮戴在頭上，從此月亮就成了濕婆神的裝飾品。接著，一身潔白、手持蓮花的吉祥天女從乳海中現身，看得眾神和阿修羅目瞪口呆；陸續出現的白

色神駒、白色大象則分別成為因陀羅的寵物及坐騎。如陽光般耀眼的寶石，被毗濕奴拿去當胸前的裝飾品。最後，神醫檀槃陀里從海中現身，手裡拿著裝滿長生甘露的酒碗。

這時數百年來都被當作攪拌繩使用的蛇王瓦蘇吉，再也支持不住了，毒液從口中湧出，蛇王的毒液當然十分厲害，只要一滴就足以污染甘露，讓大家數百年的努力全部泡湯。幸好，這時濕婆挺身而出一口吞下劇毒，以濕婆的修行雖然不至於要了祂的命，但濕婆神的脖子卻變成了青色。

甘露終於出現了，阿修羅一擁而上，毗濕奴為了控制眼前的混亂場面就變成絕世美女，成功將阿修羅吸引了過去。此時眾神趁機分飲甘露，只有阿修羅王羅睺趁亂喝了一口，被發現後遭到毗濕奴用神盤將身體砍成兩截。不甘受騙的阿修羅，從此就和天神誓不兩立。

▼乳海攪拌是吳哥遺跡中極具代表性的主題，吳哥城入口的橋梁兩側，就是以乳海攪拌雕塑為護欄，左側為善神，右側為阿修羅。（柬埔寨吳哥遺跡大吳哥城）

羅睺 Rahu・राहु

羅睺是印度神話中最出名的阿修羅王，長有四隻手，下半身是蛇尾，性格殘暴，總是和天神鏖戰不休。阿修羅原本也是住在天界的神族，但在乳海攪拌後因為和天神爭奪甘露，雙方人馬自此成為仇敵，而阿修羅的居所也從天界變成深海底下。

乳海攪拌，原本是天神和阿修羅族為了獲得不死靈藥甘露所共同執行的工作，但在獲得甘露之後，阿修羅族中卻只有阿修羅王羅睺有幸喝到一口。當時祂喬裝成天神，混在排隊領甘露的隊伍中，沒想到才剛喝下一口甘露，就被太陽神蘇利耶和月神蘇摩發現了，兩人立刻告知毗濕奴，毗濕奴聽後大怒，用飛盤將羅睺砍成了兩半。但羅睺已經喝下不死甘露，所以並沒有死亡。

對太陽神蘇利耶、月神蘇摩懷恨在心的羅睺，從此只要有機會就想吃掉太陽和月亮，但因為身體只剩下一半，就算吞了太陽或月亮，最後還是會從肚子流出來，這就是日蝕和月蝕的由來。至於羅睺的下半身龍尾，則成了掃把星在天際流竄，這就是我們見到的彗星。不論是日蝕、月蝕或彗星，在古代都是大凶之兆，尤其彗星一現身，更代表了改朝換代或重大災難的預警，據傳這都是因為阿修羅王發怒降災的結果。

雖然說阿修羅是嗔恨心較重的墮落天神，但以乳海攪拌這件事來看，應該是天神翻臉不認帳，毀約在先。想想，辛苦攪拌乳海數百年，阿修羅族理所當然有

長矛
寶刀
神盾
坐騎是獅子
與願印

▲在占星學中的羅睺，並不是蛇身阿修羅，它與日、月是三兄弟，但羅睺是帶來災難的凶星，是難以捉摸的彗星，也是吞食日月的黑暗能量。

有喝甘露的權利，羅睺不被美色所騙，去喝祂本來就應得到的甘露，何罪之有？被毗濕奴給砍成兩半實在是冤枉，讓阿修羅從此和天神結下樑子、雙方鬥得永無寧日，並非無的放矢。

雙方交戰，當然是喝了甘露的天神取得優勢，而成王敗寇是歷史法則，阿修羅族從此一路被驅趕到海底，還成為邪惡的象徵，脫不了身，但追根究柢，都是天神私心惹的禍。不過，尊貴如天神，卻不見得都是對的，祂們也和凡人一樣有喜怒哀樂，對於情欲也毫不避諱，而這正是印度神話的特色，這點跟希臘神話倒是有異曲同工之妙。中國的神話故事就嚴肅呆板多了，天神不會做錯事，整天為了忠孝節義、賞善罰惡到處奔波，和他國神明比起來還真是命苦。

佛教經典、東南亞及日本，都有跟羅睺故事類似的神話。例如，東南亞一帶就流傳著妖星「羅夫」的故事，相傳太陽、月亮和羅夫三個本是兄弟，但羅夫脾氣暴躁、行為乖張，太陽和月亮都對祂避之唯恐不及，於是只要羅夫一出現，太陽和月亮就趕緊躲了起來。

在日本，羅睺的角色則變成素戔鳴尊。日本神話中有所謂的三貴子，即太陽神天照、月神月讀和老三素戔鳴尊，三人一起住在天界時，素戔鳴尊是一個性格狂暴、老愛惹是生非的惡神。素戔鳴尊有一次還將一隻活馬剝皮後，丟進天女織布的衣坊，受到驚嚇的天女意外被織布機的梭子

▲羅睺也被描述成獅臉的凶惡力量。在摩訶婆羅多俱盧之戰的場景中，怖軍就舉著刻有羅睺臉的盾牌。（柬埔寨吳哥遺跡吳哥寺）

刺死了。天照大神拿這個弟弟沒轍，只好氣到躲起來，讓世界暗無天日。

闖了大禍的素戔鳴尊，被迫離開天界放逐到出雲，這時的祂已有悔悟之心，祂打敗了八岐大蛇，救了當祭品的奇稻田公主，最後兩人結婚，過著幸福快樂的

生活，也算是浪子回頭了。而祂那喜怒無常、亦邪亦正的性格，無疑就是阿修羅的翻版。

羅睺小檔案

法相	四手蛇尾
神職	阿修羅之王、彗星
出處	《摩訶婆羅多》

蘇摩酒 Soma · सोम

蘇摩是古印度祭祀時的專用酒名，《梨俱吠陀》中提到蘇摩酒許多次，可以想見它在古代祭祀儀式所占的份量。有些人更認為蘇摩酒是印度文獻中所稱的「甘露」，也就是傳說中的永生祕藥。

▲蘇摩酒的原料和製作過程是極其神聖且機密的。信徒虔誠的種植、釀製。

蘇摩是印度諸神最愛的飲料，尤其是因陀羅。據傳諸神只要喝下蘇摩酒，就能獲得大神力。根據後世考證，蘇摩酒應是一種致幻飲料，成分現在已經不可考，但有可能是大麻、毒蠅蕈、駱駝蓬、麻黃或某種致幻菇類。這種酒呈金黃色，倒進圓形容器中就像月亮一般，因此蘇摩也被引申為月神。

不少宗教的降神儀式，都會點燃某些特定材料製成的焚香或喝下某種飲料，讓主事者產生幻覺，或說是開啟了人類靈視異世界的第三隻眼，以便和神靈溝通。蘇摩酒在吠陀時代或是更久遠以前的祭祀中，就是婆羅門祭司用來降神的飲品，只是後來這類製酒原料被印度人大量濫採，以致蘇摩酒到底是用什麼原料製成的，現今已不可考。

不過，釀造蘇摩酒的方法卻流傳了下來。首先將某種植物的莖泡在水中，用石頭榨取汁液，經羊毛過濾後，再加入牛奶和麵粉攪拌發酵。聽起來似乎不怎麼可口，但《梨俱吠陀》可是將蘇摩酒比喻成「天神的甘露」，飲用後會產生超凡的能力，堪稱印度諸神發揮功力的維他命。

▼毒蠅蕈。傳說可能是製造蘇摩酒的原料之一，在西伯利亞地區也被廣泛使用在宗教用途，作為與神溝通的聖物。1968年，美國的行為真菌學家羅伯特高登華生提出，毒蠅蕈就是蘇摩酒的原料，雖然無法得到信徒證實，但此一說法受到學界廣泛接受。

婆羅多族 Bharata · भरत

婆羅多是古印度史上著名的君王，在位期間，印度的文治武功達到顛峰；而他後輩子孫爭奪王權的故事，則被寫成人類文明史上的重要瑰寶《摩訶婆羅多》史詩，意思就是偉大的婆羅多族後裔。

◀在俱盧之戰中，婆羅多族的般度軍和俱盧軍戰況極激烈，死傷慘重。（柬埔寨吳哥寺）

▼恆河之水自天上下凡，滌淨婆羅多族的罪孽。（印度淡米亞那督邦馬瑪利普藍）

現在稱為「印度」的這塊土地，過去一直是小國林立的狀態，沒有任何官方歷史流傳下來，宗教典籍和史詩就是他們最突出的文明史。由於兩大史詩源遠流長，以《羅摩衍那》為核心所發展的王族，印度人就稱為太陽族，也叫做甘蔗王族；而以《摩訶婆羅多》為主軸上下關聯的王族，就稱為月亮王族。婆羅多王就是月亮王族之後，也是俱盧族和般度族的祖先。

既然被稱為月亮王族，自然與印度月神蘇摩關係密切。相傳月亮族最早的祖先便是月神蘇摩，接著是與廣延天女譜出動人愛情的呼洪王，兩人所生的兒子阿逾娑，在父親升天變成乾闥婆後繼位為王，而阿逾娑的兒子便是以人的身分一度成為天帝的友鄰王，再來是迅行王。迅行王有五個兒子，第五個兒子布魯即是婆羅多王的父親。

婆羅多王之後是俱盧王，接著是與恆河女神結婚的福身王，福身王的兩個兒子花釧和奇武早逝，廣博仙人與他們的遺孀生下持國和般度，這兩人分別是《摩訶婆羅多》裡俱盧族和般度族的父親。

由於史詩《摩訶婆羅多》在印度廣為流傳，是千百年來印度吟遊詩人和文學藝術家最樂於發揮的神話題材，因此印度古時也稱為婆羅多，即便到了現在，印度人仍認為自己就是婆羅多的子孫，就像是中國人自稱為炎黃子孫一樣。

恆河女神 Ganga・गंगा

恆河是印度的聖河，也是孕育印度文明的母親，而恆河女神就是恆河擬人化的神衹。恆河發源於雪山（喜馬拉雅山），因此雪山之神就是恆河女神的父親，雪山女神帕爾瓦蒂是恆河女神的姊妹。

▲阿周那的苦修。這是馬瑪利普藍的重要古蹟景點，已列入聯合國世界遺產，也名「恆河下凡」、「恆河之水天上來」。浮雕描繪恆河自天上來到人間，滌淨萬物的罪孽。（印度淡米亞那督邦馬瑪利普藍）

相傳印度恆河原本是一條聖潔的天河，是天上銀河流淌到人間所形成。很久很久以前，薩迦羅王有兩位王妃，但都沒能為他生下一兒半女。薩迦羅王便向濕婆神求子，果然其中一位王妃如願生下王子，但另一個王妃卻生下一個大葫蘆。

在薩迦羅王準備將大葫蘆丟棄時，天上傳來聲音要他將葫蘆好好放在裝有牛奶的大瓶子裡，這個葫蘆就會生出六萬個王子。薩迦羅王依言行事，果然獲得六萬個英勇非凡的王子。

有一次薩迦羅王舉行馬祭，必須由六萬個王子組成軍隊，跟在祭馬後面一年。沒想到，重要的祭馬竟然走失了，六萬個王子上天下地苦苦找尋，終於在地界卡毗拉仙人身邊找到祭馬，王子誤以為是卡毗拉仙人偷走祭馬，就對仙人無禮，惹惱了卡毗拉而將王子通通燒成灰。

薩迦羅王等不到祭馬和兒子歸來，便派出孫子安舒摩特四處尋找。安舒摩特最後找到了卡毗拉仙人，求仙人還給他祭馬及眾王子。卡毗拉仙人雖然還了馬，卻咬定那六萬個王子是罪有應得，除非天上的恆河下凡洗清他們的罪孽，王子的靈魂才可能升天。

漫長的時間過去了，薩迦羅王族經過三代努力，都無法讓恆河下凡，到了第四代的巴吉拉達，決定以苦行方式感動恆河女神。最後巴吉拉達終於讓恆河女神點頭同意，恆河便下凡到人間洗清六萬個王子的罪行。

時至今日，印度人仍深信恆河可以洗清任何人的任何罪惡，他們生飲恆河水，在恆河沐浴淨身，死後還在恆河邊火葬，骨灰隨著恆河流淌。據說這樣做，就一定可以上天堂。

恆河女神和月亮王族的福身王還有一段情，這是出自史詩《摩訶婆羅多》的故事。恆河女神下凡救了薩迦羅王的六萬個王子

後，又碰到八位仙人前來苦苦哀求。原來這八名天神因為妻子的請求而偷了極裕仙人的母牛，極裕仙人便詛咒這八位天神從此淪為凡人。在八位仙人的至誠懺悔下，極裕仙人答應同夥的七位仙人可以只到人間走一趟，但偷牛的主謀必須留在人間受苦，不過格外開恩讓他可以成為英雄。於是，仙人請求恆河女神到凡間當他們的母親，並要恆河女神將產下的前七個孩子都扔入恆河，讓他們洗去罪過，重新復活為神。於是，恆河女神化作一名美貌的少女，來到人間。

有一天，婆羅多族的福身王遊經恆河時，被她的美貌所吸引，

在他向少女求婚時答應她，不許問她的來歷，也不能干涉她的行為。婚後兩人十分恩愛，年年都產下一名俊美的王子，但她都微笑地將王子丟進恆河。到了第八次時，福身王實在忍無可忍，對

妻子大聲咆哮，罵她是世界上最殘忍的母親。

恆河女神此時才說出真相，並重新返回天界。這第八個王子，就是《摩訶婆羅多》裡赫赫有名的英雄毗濕摩。

▼「恆河下凡」的細部。蛇族是水的象徵。（印度淡米亞那督邦馬瑪利普藍）

恆河女神小檔案

法相	一面、三眼、四臂
法器	蓮花、水壺
坐騎	海獸馬卡拉
子嗣	毗濕摩
出處	《梨俱吠陀》

◀恆河女神。
（印度淡米亞那督堪奇普藍）

恆河水，是生命的源泉，能洗淨所有罪孽

海獸馬卡拉，也就是魚龍魔羯，是恆河女神的坐騎

摩訶婆羅多 Mahabharata · महाभारत

《摩訶婆羅多》是印度兩大史詩之一，意思是偉大的婆羅多族後裔，故事主要在講述婆羅多族的兩支後代——俱盧族和般度族爭奪王權的故事，其中穿插了大量的神話和寓言故事。

這部偉大的史詩有十萬多頌（古印度常用的詩體單位，每頌兩行三十二個音節），作者據說是毗耶娑，即赫赫有名的廣博仙人。毗耶娑是婆羅多族的長者，也是持國百子和般度五子的祖父。但據學者考證，《摩訶婆羅多》的成書時間大約是西元前四世紀到西元四世紀，沒有任何人可以活過這漫長的八百年，因此毗耶娑這個作者應該是假託。

較為可信的說法是，《摩訶婆羅多》為古印度宮廷歌手和民間吟遊詩人的集體創作，以口頭吟唱的方式流傳，因此《摩訶婆羅多》的現存版本非常多，大致可以歸納為南傳和北傳兩種版本。印度梵文學界遲至二十世紀，才完成《摩訶婆羅多》八萬多頌的精校本，在一九三三年出版第一卷，一直到一九六六年才全部出齊，前後花了三十三年，可見這部史詩的龐大，據說如果不停誦念，需要兩個星期才能念完。

《摩訶婆羅多》全書共分十八篇，涵蓋宗教、哲學、政治和倫理意涵。印度教的聖典《薄伽梵歌》就是出自《摩訶婆羅多》，這部史詩也遍傳東南亞有印度教信仰的國家，這些地方的神廟很多都有《摩訶婆羅多》的故事浮雕，最有名的首推吳哥窟。《摩訶婆羅多》講的是以難敵為首的持國百子（俱盧族），和以堅戰為主的般度五子（般度族）爭奪王權的故事。話說在很久很久以

▼以摩訶婆羅多為主題的天頂畫。（印度淡米亞那督邦堪奇普藍）

前，印度象城婆羅多族有兩位王子持國和般度，大王子持國天生眼盲，因此由二王子般度即位。

持國有一百個兒子（即持國百子），般度有五個兒子（即般度五子）。般度過世時，兒子都還小，因此由持國攝政，等到般度大兒子堅戰成年後，持國想將王位還給堅戰，但是他的長子難敵不從，俱盧族和般度族的紛爭從此開始。

難敵知道父親有意將王位還給堅戰，開始進行暗殺般度五子的計畫。他建造了一座美輪美奐卻易燃的紫膠宮，供般度五子和他們的母親貢蒂居住，伺機放火燒宮，倖免於難的般度五子逃出，流亡在外。在這期間，般遮羅國木柱王替女兒黑公主舉行比武招親，般度五子之一的阿周那力冠群雄贏得了黑公主，黑公主於是成為般度族五子共同的妻子。後來他們的伯父持國也將他們召回國，分給他們一半國土。

般度五子在這一半的國土上建立了天帝城，但他們的堂兄弟難敵仍舊不肯罷休，連續兩次設局詐賭，在賭局中堅戰輸掉國土、財產、兄弟、妻子和他自己，被迫流亡十三年，到了第十三年還得隱姓埋名，要是被找到就得再流亡十三年。

般度五子流亡十三年期滿，要求歸還失去的國土，但難敵堅決不肯。為了避免百姓無辜受害，堅戰表示只要難敵歸還五個村莊就行，但難敵卻反唇相譏，說他們連針尖大的地方也別想得到。

最後，雙方在俱盧之野開戰，在為期十八天的激戰中，俱盧族全軍覆沒，堅戰登基為王。

統治國家三十六年後，堅戰讓位給阿周那的孫子環住，帶著兄弟和黑公主一同上雪山修行，最後升天和家族聚首。

▼改寫成故事體的英文版。《摩訶婆羅多》原本是詩體，為了便於流傳，市面上有許多改寫成故事體的版本。

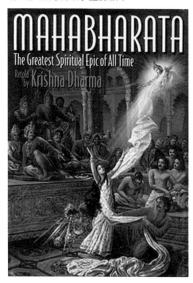

▼1985年，美國導演彼得布魯克以《摩訶婆羅多》為現代劇場史樹立了美學與形式的里程碑，震撼全球，並於1989年拍成電影。

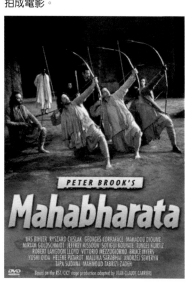

毗耶娑 Vyasa · व्यास

毗耶娑又稱為廣博仙人，是福身王妻子貞信婚前的私生子。他是持國王和般度王的父親，也是史詩《摩訶婆羅多》名義上的作者。

毗耶娑的母親貞信，原本是天上仙女，因獲罪被罰而降生在魚腹中。貞信一出生，身上就帶著洗都洗不掉的魚腥味，但她美麗出眾，仙人波羅娑羅愛上年輕的她，要求和她結合，貞信知道仙人法力高強，要仙人幫她去掉身上的魚腥味，那她就會答應。仙人依約去掉貞信身上的異味，而貞信不久後也生下波羅娑羅的兒子，命名為毗耶娑。

毗耶娑長相醜陋，又黑又小，實在不討人喜歡，但他的智商極高，自幼就精通吠陀。當母親貞信要嫁給福身王時，毗耶娑辭別母親前往森林苦行，貞信認為兒子這一走，恐怕以後就再也見不到了，但毗耶娑答應母親，只要母親召喚，他會立刻出現在她的面前聽憑使喚。

在貞信和福身王所生的兩個兒子（花釧和奇武）相繼過世後，貞信召喚毗耶娑前來，要求他和兩位國王遺孀同房，後來分別生下了持國和般度兩位國王，因此毗耶娑算是持國百子和般度五子的祖父。他目睹了日後子孫為王位相殘的悲劇，在俱盧大戰結束

毗耶娑小檔案	
身世	父—波羅娑羅仙人 母—貞信
性格	智慧、沉穩
子嗣	持國、般度
出處	摩訶婆羅多

後，由毗耶娑口述，象頭神記錄，花了三年寫下了曠世巨著《摩訶婆羅多》。

根據印度的傳統說法，毗耶娑不僅是《摩訶婆羅多》的作者，也是四部《吠陀》的編定者、吠檀多學派的聖典《梵經》的作者，以及各種《往世書》的編寫者。但是這些著作的成書年代，時間跨越千年，因此根本不可能是同一人所著。值得注意的是，毗耶娑的梵文有「編排」之意，所以把毗耶娑當成編排者來看待，就說得通了。

◀ 毗耶娑口述《摩訶婆羅多》，由象頭神抄寫。象頭神寫禿了筆，情急之下將象牙折斷，沾著墨汁繼續抄寫。

持國 Dhrtarastra · धृतराष्ट्र

俱盧族的父親持國，一生下來就雙眼全盲，在弟弟般度王死後，才稱為持國王，但更傾向攝政地位。他的優柔寡斷，引發了俱盧族和般度族這場無意義的家族戰爭，導致俱盧族全軍覆沒。最後，他在林居期死於森林大火。

▲盲眼的持國國王，正在聆聽全勝訴說家族戰爭的慘況。

持國的出生頗具戲劇性，他名義上的父親是福身王的次子奇武，但實際上他是史詩《摩訶婆羅多》作者毗耶娑的私生子。由於福身王和貞信后所生的兩個兒子花釧和奇武都英年早逝，而奇武留下安必迦和安波利迦兩位皇后。貞信為了不讓皇家斷嗣，要求毗濕摩娶奇武的兩位遺孀，但毗濕摩以曾經發誓不娶為由拒絕。貞信便想到她婚前的私生子毗耶娑。

毗耶娑是仙人之子，離開母親後，他離群索居獨自苦行。他答應母親請求，但當他頭髮糾結、一身襤褸地出現在安必迦皇后面

前時，皇后先是震驚，在聞到毗耶娑身上異味時更忍不住閉上了眼睛，於是他們的兒子持國，一出生就是個瞎子。

由於天生視障，持國在弟弟般度王死後才以攝政方式領國。等般度長子堅戰成年後，持國原本應該交出王位，卻因自己的長子難敵反對而作罷。後來持國的兒子還想盡辦法對般度的五個孩子趕盡殺絕，持國明知自己兒子理虧，卻因溺愛而一再偏袒，埋下堂兄弟鬩牆的導火線。

持國和妻子甘陀莉所生的一百個兒子，即史詩《摩訶婆羅多》所指的俱盧族。甘陀莉原本是健陀國的公主，個性堅毅，在嫁給持國後就戴上眼罩，與夫婿一起生活在黑暗中。因為她對毗耶娑非常好，毗耶娑答應為她實現一個願望，甘陀莉許願能夠有一百個兒子，兩年後甘陀莉生下一團肉球，毗耶娑就將這團肉球分成一百份，分裝在一百個籃子裡，數日後長子難敵最先出世，其他九十九子也在數月後陸續出生。

▲持國天王。「持國」是慈悲的意思，在佛教中，「持國天王」是四大天王之一，以琵琶為法器，掌管音樂，因此也有人說持國天王是從乾闥婆演變而來。又說持國天王是摩訶婆羅多故事在中國流變時，逐漸產生的角色。（臺南大天后宮）

持國小檔案

身世	父－毗耶娑 母－安必迦
配偶	甘陀莉
性格	優柔寡斷
子嗣	以難敵為長的持國百子
出處	摩訶婆羅多

難敵 Duryodhana • दुर्योधन

在史詩《摩訶婆羅多》裡，持國王的長子難敵是個被嫉妒心所主宰的反派角色，他對般度族的妒恨，比失去愛情的妒婦還要瘋狂。如果說般度族是天神之子，那與天神勢不兩立的阿修羅，就是難敵心境的最佳寫照。

◀ 難敵。
難敵是持國的長子，為俱盧百子之首，嫉妒、貪婪、報復心重，是阿修羅精神的代表人物。

以難敵為首的俱盧族，和以堅戰馬首是瞻的般度族，同樣是婆羅多族的王子；俱盧族的父親持國因為視障，王位由弟弟般度繼承。在般度過世後，持國雖然也稱持國王，但他的角色更像是攝政王，當般度長子堅戰成人，將王位交還堅戰本無疑問。

但是難敵可不這麼想，他認為要不是父親眼盲，王位應是由他繼承，在難敵的心裡一直認為是般度族撿了便宜，得到原本應屬於他的榮耀，這樣的嫉妒煎熬著難敵。

當持國百子和般度五子一起在後宮成長的期間，般度五子的表現一直優於持國百子，家族長老以及民間關愛的眼神也總是集中在般度五子身上，這無疑又在難敵的妒火上添材加薪，心中的熊熊妒火讓難敵想盡辦法要除掉般度五子。

當般度五子和持國百子都還是青少年的時候，難敵就曾經動手想殺害般度次子怖軍，因為孔武有力的怖軍，總是對持國兄弟動手動腳，這種青少年血氣方剛打打鬧鬧的家常便飯，讓心理早就不平衡的難敵動了殺機。難敵和他的兄弟設計，邀約般度五子一起去恆河游泳，藉口將年紀較長

的堅戰和阿周那隔開，然後將有毒的食物給怖軍吃，趁怖軍陷入昏沉時，將他丟進插有鐵釘的恆河，並盤算怖軍一定會被恆河中的毒蛇咬死。

沒想到怖軍命大，剛好被丟進沒有插到鐵釘的地方，而恆河毒蛇咬了怖軍所散發的毒性，正好中和了原先食物的毒性，怖軍被蛇咬後疼痛，自己醒過來，就游上岸回家了。原本以爲怖軍必死無疑的難敵，回宮後看到怖軍，自然是嚇了一大跳，怖軍的好運氣讓他更加妒恨。不過，般度族因爲這件事，也開始對持國百子產生戒心。

及長，般度族的風采日茂，難敵建造了一座美輪美奐卻易燃的紫膠宮，誘騙般度族旅遊時去住，然後計畫放火要燒死他的心腹之患，沒想到陰謀早被般度五子識破。般度五子逃出後不敢回宮，而在外頭流亡，在此期間，

▲難敵（左）賭贏了骰子，當衆羞辱黑公主。印度畫家萊迦（Raja Ravi Varma, 1848-1906）繪。

阿周那比武贏得了黑公主，讓般度族有了外戚的依靠，開始培植自己未來的政治實力。

阿周那在比武招親中抱得美人歸，讓原本就一路吃憋的難敵更是恨得咬牙切齒，行爲也更加瘋狂。一方面，因爲他也是愛慕黑公主而參與比武招親的衆王子之人；另一方面，眼見般度五子聲勢日勝一日，讓他的王權之路備受威脅，導致他更加坐立難安。

後來，持國王將般度五子召回，分給他們一半的土地，這對般度五子其實是不公平的分配，但難敵卻認爲父親是在討好般度族，要他情何以堪。難敵住在原不屬於他的國土上，養尊處優地享受原不屬於他的太子身分，卻更加嫉妒般度族，以致接受了他舅舅沙恭尼的詭計，邀請般度族到象城擲骰子。一切果然如甥舅兩人所料，兩人勝之不武地贏得了般度族的一切，

將般度族放逐森林後，讓般度王族受盡艱辛，過的生活比一般老百姓還不如。

儘管已經得到他原本所嫉妒的一切，難敵還是覺得不夠。當般度族履行完賭注的承諾，從放逐中解脫時，堅戰並沒有要求難敵恢復自己的國土，只要難敵給他五個村莊就夠了，但難敵回嗆說連針尖大的地方都別想，被吃夠夠的般度族才決心和俱盧族決一死戰。

▼印尼皮影戲的難敵造型。

難敵小檔案	
身世	父－持國王 母－甘陀莉
性格	嫉妒、猜疑
出處	摩訶婆羅多

全勝 Sanjaya · संजय

全勝是持國王的貼身侍臣，持國王待他如同手足，許多不為人知的內心話都向他傾訴。全勝為人正派，並沒有受寵而驕或利令智昏。他就像是持國的雙目一樣，俱盧之戰的戰況就由他負責向持國王陳述。

全勝久居王宮，貼近權力核心，持國百子和般度五子的恩怨情仇他全看在眼裡，曾經多次不顧身分地勸告持國王，必須約束自己的孩子，否則將來必有大患。但失明的持國王就像心也盲了一樣，他不是不愛惜姪子，只是更寶貝自己的孩子，以致被長子難敵牽著鼻子走。

全勝同情般度族的處境，對持國及難敵的行為並不認同，曾多次忠言逆耳勸諫。在俱盧戰前，全勝的諫言越說越重，持國王好像終於開竅了，派全勝去和般度族斡旋談和。但持國王真正的用意，則是希望姪子們認命，從此大家和平過日子，不要發動戰爭。當然，全勝此行完全無功而返。從此，全勝就不再多言，但他警告持國王，必須對將來的家族禍事負起責任。

俱盧之戰無法避免地開打了，惶恐的持國找來有未卜先知能力的父親廣博仙人請示，但廣博仙人實在不想談起家族禍事，便跟持國王說：「不然我讓你眼睛復明，你自己看吧！」但持國王並不想也不忍親眼目睹，因此為了幫持國王講述戰事，廣博仙人讓全勝成為開天眼的全知者。從此不論是公開的事或暗中的事，白天或黑夜，即使是深藏在內心的想法，全勝通通都知道。

▼全勝勸諫持國王。全勝是持國王的眼睛，也是摩訶婆羅多故事的全知者，負責提醒持國王勿使悲劇愈演愈烈。

馬祭 Asvamedha Parva · अश्वमेध

馬祭是古印度極為盛大的祭典，吠陀時代的馬祭原本只是國王求子的一種祭祀，但發展到後來，卻成為一國之君獲得上天肯定的一種大祭典。相傳只要能夠成功舉行一百次馬祭，那位人中之王就能取代天上的因陀羅，成為眾神之王。

在吠陀時代，馬祭是國王向生主和天神因陀羅求子的獻祭儀式，國王必須要向諸神獻上一匹矯健的賽馬，而國王的嬪妃都必須在馬的旁邊守夜，直到祭典結束。後來馬祭越來越隆重，祭祀層次也越來越高，成為有野心的國王向天祈禱成為王中之王的儀式。這樣的儀式要持續一整年，國王必須跟著祭馬四處征戰，最後還得看眾神是否滿意，才能判斷馬祭算不算成功。

舉行馬祭需要四位大祭司，每位大祭司各有三位助理祭司。國王必須慎選最佳的賽馬獻祭，在替祭馬淨身時，要找一個低種姓的首陀羅扮演惡鬼，再殺掉一頭有四隻眼睛的狗，象徵誰要敢殺害祭馬，下場就跟四眼狗一樣。

祭過天後，祭馬要向東方放行一年，後面跟著國王的軍隊，祭馬要是跑到其他國家，那個國家就必須表態是歸順或應戰。舉行馬祭的國家若能夠跟著祭馬四處降服他國，該國的國王就能獲得很好的名聲，反之表示那個國王不配稱王。

在《摩訶婆羅多》裡，於俱盧一戰獲得最後勝利的堅戰王，因為在戰場上屠殺親族，且害得百姓跟著受苦，自覺問心有愧，不配登基稱王。最後在大家建議下舉行馬祭，看看天意如何。在舉行馬祭的這一年內，堅戰順利地降服了祭馬所到的國家，且在最後殺馬獻祭時，祭馬全部放光，代表諸神接受了堅戰的獻祭，承認他是人中之王，堅戰這才心安理得接掌國家大位。

▼馬祭在吠陀時代是國王求子的一種祭祀，後來逐漸成為一國之君祈求天神的常態祭典。（印度奧洛維里）

毗濕摩 Bhisma • भीष्म

毗濕摩原是天神，因為偷了極裕仙人的牛而被詛咒成為凡人，在俱盧族和般度族爭奪王權的過程中，身為雙方伯公的他居間調解勸和，直到戰死沙場的那一刻，還在苦勸他的家族晚輩停止戰爭。

當初受到極裕仙人懲罰而下凡的毗濕摩，是恆河女神和婆羅多族祖先福身王的第八個兒子，也是唯一活下來的孩子。毗濕摩自幼就展現文武雙全的異秉天賦，是受到一致推崇的未來王。

在恆河女神重返天界後一直鬱鬱寡歡的福身王，後來愛上了漁家女貞信，他向貞信父親請求婚配，但對方的條件是：日後必須立貞信所生之子為王。福身王想到毗濕摩毫無過失，又是眾望所歸，心裡相當為難。毗濕摩為了成全父親的黃昏之戀，跑去跟貞信父親說他願意讓出王位繼承權，而且為了保障貞信後代的王權，他也將終身不娶，自願絕子絕孫，因此他又名「天誓」，意即發下可怕誓言的人。

就這樣，福身王如願娶了美嬌娘貞信，並生下了花釧和奇武兩兄弟。花釧年少輕狂，在一次戰鬥中過世，奇武即位時還未成年，由毗濕摩攝政。毗濕摩對這個弟弟疼愛有加，甚至出面替奇武比武招親，贏回了迦尸國安巴、安必迦和安波利迦三位公主。但大公主安巴早和沙魯瓦王兩情相悅，於是安巴公主請求奇武王成全。

奇武也不想娶個心不在自己身上的女人，於是放安巴去找她的心上人沙魯瓦王。沒想到沙魯瓦王告訴安巴，毗濕摩在眾目睽睽下打敗自己，而且安巴被帶回象城已是不潔之身，他沒有辦法娶她。兩邊落空的安巴，轉而怨恨起毗濕摩，認為她的苦難都是毗濕摩造成的，最後自焚而死，死前發誓來世要殺了毗濕摩報仇。

安巴轉世後成為木柱王的另一個女兒，她沒忘記前世之仇，長大後，她到森林修苦行，並和夜叉交換性別成為男性，名為束髮，在般度大軍圍殺毗濕摩時，

◀ 毗濕摩是恆河女神之子，對已承諾的誓言寧死也要堅持、不改其誓，因此他所許諾的誓言，也稱為「天誓」。

▲十七世紀印度旁遮普的繪畫。在俱盧之戰中，毗濕摩為了結與束髮之間的一段恩怨，也希望能藉此停止這場家族戰禍，最後死於束髮與阿周那的劍雨之中，親族圍繞，場面哀戚。

就是束髮射中了第一箭，報了前世之仇。

在俱盧之戰時，毗濕摩雖然同情般度族出師有名，卻因身為俱盧族軍師，而殺得般度族討不到便宜。般度族中無一人能在智勇上和毗濕摩相抗衡，但般度族知道，毗濕摩內心是同情他們的，

▲吳哥寺中，描寫毗濕奴死於俱盧之戰的場景。（柬埔寨吳哥寺）

於是由阿周那前去敵營請教毗濕摩，如何才能將他殺死？毗濕摩既想幫般度族，又想讓束髮報前世之仇，於是告訴阿周那他本身的弱點。

俱盧之戰第十天，阿周那躲在束髮身後，拚命將箭射向毗濕摩。毗濕摩因為束髮是女身轉為男身，基於戰士精神，不願出手還擊，束髮趁機一箭射中毗濕摩胸膛，接著阿周那的箭像雨點般落在毗濕摩身上，毗濕摩再怎麼英勇也不敵萬箭穿心，於是他以箭為床倒了下來。

剎時，戰場停止廝殺，主要戰將全部傷心地圍在毗濕摩身邊，奄奄一息的毗濕摩在斷氣前，仍不忘要求難敵和般度族和解，但是失去理智的難敵不從，毗濕摩

的鮮血無法灑淨戰場。失去毗濕摩的俱盧族，終於在大戰的第十八天被般度族殲滅，王權終於回到般度長子堅戰手中。

在史詩《摩訶婆羅多》中，許多具高尚道德的人雖然明知難敵不對，但因為家族親緣與身分而身不由己，毗濕摩就是其中一個。雖然他明明知道在俱盧一役中，般度族最後會取得勝利，但仍誓死保護難敵。

毗濕摩小檔案

身世	父－福身王 母－恆河女神
性格	智勇雙全的英雄
出處	摩訶婆羅多

德羅納 Drona · द्रोण

德羅納是婆羅多王族的武術教師，持國百子和般度五子都是他的學生。俱盧之戰時，他是對付般度族的主要戰將，更在毗濕摩倒下後接下主帥令旗，最後不幸死在對頭木柱王之子猛光手中。

▶ 德羅納是婆羅多族的武術教師，精於劍術。雖然受聘於俱盧族，卻同情般度族所受到的迫害。

德羅納是婆羅門持力的兒子，從小鑽研吠陀和吠檀多經典，在深解經教義趣後，轉而專務修習箭術，成為當時有名的神射手。青少年求學時期，他和同班同學木柱王是莫逆之交，那時小小年紀的木柱王曾天真地跟德羅納說，好朋友應該有福同享，等自己將來當了國王，要為他分疆裂土，把一半國家送給他。

德羅納成年後娶了慈憫大師的妹妹，生了兒子馬勇，養家活口的壓力，讓原本不在意金錢的德羅納開始正視自己的前途。當他聽到持斧羅摩正散盡家財分給婆羅門時，趕緊跑了過去，卻遲了一步，持斧羅摩看到德羅納失望的表情，於心不忍，就將自己天下無敵的武藝盡傳給他。

後來德羅納想到老友木柱王曾經說過，要分一半的國土給他。德羅納當然沒有天真到信以為真，但他相信去找木柱王討個工作應該不難，而他也真心想要為好友奉獻畢生所學。但當德羅納滿懷希望拜見木柱王時，卻發現木柱王早已經不是當年那個熱情的好友了。木柱王看到落魄的德羅納，鄙視之情毫不遮掩，他語帶嘲諷地問德羅納來做什麼？德

羅納回答說：「只是來看看老朋友。」木柱王不屑地說：「你好意思自稱是我的朋友？如果你以爲一個高高在上的國王，能與流浪的乞兒成爲朋友的話，那你也太天眞了！窮漢和財主、野人和學者，怎麼可能成爲朋友？只有彼此的地位相當，友誼才可能存在。」說完，馬上命人把德羅納攆出宮去。

受辱的德羅納發誓此仇不報非君子，於是前往投靠妻兄慈憫。慈憫擔任婆羅多王族的教師，告

老求去時，由德羅納接掌他的職務。在學生武藝漸趨成熟後，他派迦爾納和難敵去生擒木柱王，當作是武藝的考驗，但迦爾納和難敵沒能成功。德羅納再派阿周那前去，阿周那果然不負師命，把木柱王抓到德羅納面前。

看到木柱王嚇得不斷打哆嗦，德羅納調侃他說：「國王啊！生擒你後，我可以得到你的國土了，但我大人有大量，就把一半國土送給你好了。現在我們地位相當了，我們的友誼是不是就可

以恢復了？」此時木柱王只能連聲賠不是，說以前都是自己糊塗，得罪了好友，請德羅納原諒自己。德羅納出了氣後，就把木柱王放了。

但木柱王可沒這麼算了，這種恥辱他怎能忘懷？於是他齋戒苦行向天祈求，賜給他一個可以殺掉德羅納的兒子，以及能夠嫁給阿周那的女兒。後來木柱王的兒子猛光，果然在戰場上意外地殺掉了德羅納，而黑公主也依木柱王之願，嫁給了般度五子。

德羅納個性正直善良，在兩派學生彼此仇視、開戰的漫長歲月中，他雖然受聘於持國王和難敵，心卻始終向著般度族，也屢屢向持國和難敵提出諫言。無奈溺愛兒子的持國王、被嫉妒蒙了心的難敵，根本聽不進去。俱盧之戰中，他成了對付般度族的主要戰將，在毗濕摩倒下後更接下主帥令旗，並多次被難敵質疑對般度族放水，導致戰事失利。最後，他死在對頭木柱王之子猛光的手裡。

▲以德羅納故事為主題的童書，印度書屋於2006年出版。

德羅納小檔案

身世	父－持力仙人
配偶	潔里波
子嗣	馬勇
性格	正直
出處	摩訶婆羅多

迦爾納 Karna・कर्ण

在史詩《摩訶婆羅多》的眾多英雄中，迦爾納的悲劇人生最令人扼腕，他是貢蒂后婚前和太陽神蘇利耶的私生子，和般度五子同一娘胎出生，不知血緣的兄弟卻在戰場上拚得你死我活，令人不勝欷歔。

貢蒂少女時期因為伺候蔽衣仙人，學會了天神降子的咒術，一時好奇對著太陽念咒，萬萬沒想到竟然生下孩子。這個孩子身穿盔甲、戴著一對金耳環降生，雖是嬰兒，卻已看得出俊美可愛、氣宇非凡。當時自己都還是個小女孩的貢蒂，嚇得不知所措，隨便拿個竹籃裝著，就讓孩子順水流去。

幸而一個車伕撿到孩子，他和妻子多年無出，看到這個天神般的孩子，高興得認為是老天送來的禮物，珍視、疼惜得視如己出，取名迦爾納。迦爾納就這樣在車伕夫婦的愛心照顧下快樂長大，從小就展現武藝方面的天分，在鄰里間頗為出名。

在王族的一次比武擂臺賽中，持國百子被般度五子打得大敗，阿周那射箭獲得第一，這時一個神采奕奕的青年不服氣，進場要求和阿周那比劃，此人正是迦爾納。貢蒂后一眼就認出這是她的頭生子，此時竟然要和弟弟拳腳相向，當場驚得昏厥過去。裁判德羅納好奇詢問迦爾納出身，原本自信的迦爾納，聽到人家詢問他的身世，才想到身邊都是王族，一時自卑得答不出話來。

輸給般度族正一肚子氣的難敵，心想這個年輕人儀表不凡，實在不像鄉野鄙夫，說不定可以替自己打敗般度族出一口氣。於是立刻出面說，如果因為迦爾納不是王族就不能比武，那他現在就立刻封迦爾納為盎迦王，並立刻將王冠、寶石和王徽送給了迦爾納。

封王可不尋常，此事立刻傳了開來。迦爾納的養父聽到兒子被封王，儘管身體老邁，仍舊開心地走去看兒子光榮的一刻。當車伕巍巍顫顫地走進會場時，迦爾納向養父致敬，彼此激動相擁。此時，怖軍突然不屑地說，車伕之子就應該拿馬鞭趕車去，即使

▼迦爾納因車輪深陷泥淖，在俱盧之戰中死於阿周那手下。

▲1820年代，印度畫家所繪製的俱盧之戰場景，描繪般度和俱盧兩方對峙。左邊是阿周那和般度軍，右邊是迦爾納和俱盧軍。

封王仍舊擺脫不了低賤的身分，王族的比武他根本不配參加，甚至連死在阿周那手下都不配。

迦爾納氣得發抖，難敵也出面和怖軍對罵，場面立刻變得火爆難以控制，王族長輩看到這樣，就宣布取消比武。迦爾納和阿周那還沒動手，雙方就結下了解不開的仇恨。迦爾納從此成為難敵最忠心的盟友，他不離不棄誓死效忠難敵，把殺掉般度五子當成活下去的動力。

在迦爾納和阿周那準備比武前，太陽神蘇利耶和雷電神因陀羅都前來看兒子的表現。因陀羅看到衝突場面後，心想阿周那以後要是真的對上了迦爾納，情況實在不妙。於是祂假扮成婆羅門，下凡前去向迦爾納乞討天生的神甲和耳環，慷慨好施的迦爾納，二話不說就把天授的神器交給了因陀羅，這讓迦爾納的威力

大幅減弱，埋下日後死在阿周那手裡的遠因。

迦爾納為難敵東征西討，出生入死，在俱盧族和般度族長年的敵對中，迦爾納不論對錯，總是無條件支持難敵，這讓貢蒂看在眼裡痛在心裡。直到俱盧大戰爆發前，這個對不起兒子的母親，才告訴迦爾納真正的身世，並要求他反叛難敵，投效自己兒子的陣營。痛苦的迦爾納說他辦不到，但是看在母親份上，般度五子他只殺一人。

在俱盧之戰中，難敵陣營的主帥前後有三位，分別是戰爭第一階段的毗濕摩、第二階段的德羅納，以及在這兩人先後戰死之後接掌帥印的迦爾納。迦爾納勇猛善戰，連殺了持國王十一個兒子的怖軍也不是他的對手，怖軍的武器被打飛了，戰車也被砸個粉碎。面對赤手空拳的怖軍，迦爾

納想起了他對貢蒂后的承諾，當下就放過了怖軍。後來由他跟阿周那對陣，兩名虎將實力不相上下，打得難分難解。迦爾納因為戰車陷入泥淖裡，跳到地下推車時，阿周那趁機放了一箭，就這樣，迦爾納枉死在阿周那手下。

迦爾納小檔案

身世	父－太陽神蘇利耶 母－貢蒂
性格	忠誠
武器	天授神甲及耳環
出處	摩訶婆羅多

貢蒂 Kunti · कुन्ती

貢蒂是耶度王蘇羅的女兒、黑天之父富天的妹妹，以及般度五子的母親。少女時，她跟仙人學會了求子咒，這讓她的兒子全都成了天神之子。

薜衣仙人在貢蒂少女時期暫居她家，貢蒂盡心服事仙人，薜衣仙人知道她長大後將嫁給般度王爲妻，但般度王被詛咒無法行閨房之事，於是教貢蒂求子咒。當她持誦咒語時，意欲哪位天神下凡，那位天神就會出現在她面前，並賜給她一個跟那位天神一樣強大的兒子。

貢蒂學會咒語後，好奇地對著太陽施咒，沒想到太陽神就這樣下凡，貢蒂非常驚恐，太陽神告訴貢蒂當她生子後，會立刻恢復童貞。果然貢蒂懷孕後立刻分娩，生下日後與般度五子爲敵的迦爾納。當時嚇得六神無主的貢蒂，將迦爾納放進一個竹籃隨波而去後，立刻回家裝作什麼事也沒發生過。

後來，貢蒂果真如仙人所言嫁給般度王，般度王得知妻子會求子咒後，便要求妻子生下天神之子。於是貢蒂召喚正法之神閻摩，生下長子堅戰；又與風神伐由生子怖軍；而阿周那之父是雷電神因陀羅。此外，貢蒂也幫般度的另一個妻子瑪德麗，召喚雙馬神，而生下無種、偕天雙胞胎兄弟。

貢蒂在兒子的心目中是個有份量的慈母，般度五子都非常聽媽媽的話。當阿周那贏得木柱王之女黑公主返回森林時，向母親稟告他贏得一項寶物。貢蒂不知情地提醒阿周那，寶物當然要和逃難的兄弟一起分享，於是黑公主就成爲般度五子之妻，這算是貢蒂一個不小心的美麗錯誤。

▲貢蒂學會求子的法術，召喚了太陽神前來，懷孕生下迦爾納，也爲日後兄弟之間手足相殘埋下遠因。

貢蒂小檔案

配偶	般度王
子嗣	迦爾納、堅戰、怖軍、阿周那
性格	溫柔、善良
出處	摩訶婆羅多

般度 Pandu • युधिष्ठिर

般度五子的父親般度，與哥哥持國兩人名義上的父親是奇武王，但他卻是毗耶娑和奇武遺孀安波利迦的孩子。由於持國天生視障，奇武王留下的王位由般度繼承，般度少年時曾在畋獵時誤殺仙人，導致無法和任何女人歡愛。他名義上的五個兒子，事實上都是天神所賜之子。

▼般度五子和黑公主。

　　終生苦行、不修邊幅的毗耶娑，奉母親貞信后的意思，先後和奇武的兩位遺孀同房。當一身襤褸又散發異味的毗耶娑靠近安波利迦王妃時，金枝玉葉的王妃嚇得面色蒼白，因此她所生的孩子般度從小就臉色慘白，而般度的意思正是蒼白者。

　　少年般度有次到郊外狩獵時，看到一對正在交合的羚羊，般度好玩地朝公羚羊開弓，沒想到公羚羊被般度一箭射中心臟後露出原形，原來這對羚羊是仙人夫妻在森林尋歡作樂所化，垂死的仙人下了嚴重的詛咒，讓般度終其一生都無法跟任何女人交歡，否則會立刻死亡。

　　般度長大後，娶了貢蒂和瑪德麗兩位皇后，但礙於仙人詛咒，他不敢和兩個妻子歡愛，可是王室豈能無後？於是般度讓會施求子咒的貢蒂，施咒請神降子：循規蹈矩的長子堅戰，是正法之神閻摩的兒子；行事衝動的次子怖軍，是風神伐由之子；勇武的三子阿周那，是雷電神因陀羅之子；第四和第五個兒子是俊美的雙胞胎無種和偕天，則是雙馬神之子。般度這五個兒子，就是史詩《摩訶婆羅多》裡婆羅多王的兩支後裔之一的般度族。

　　般度太愛戀美麗的妃子瑪德麗，情不自禁和瑪德麗溫存，此時仙人的詛咒應驗，讓他英年早逝，瑪德麗也跟著殉夫自焚，留下王后貢蒂單獨照顧般度五子。

▲毗濕摩死於箭雨之中，般度五子在旁哀悼。

般度小檔案

身世	父－毗耶娑 母－安波利迦
配偶	貢蒂、瑪德麗
子嗣	堅戰、怖軍、阿周那、無種、偕天

堅戰 Yudhisthira · युधिष्ठिर

堅戰是般度五子的老大，爲人誠實、堅毅，所治理的國土，百姓安居樂業、繁榮昇平。但因個性過於忍讓，讓他們兄弟在遭到俱盧族迫害的流亡期間備嘗艱辛。

▲堅戰繼承父王般度的王位，在般度族五兄弟中，堅戰是最有道德和最聰明的長子。在位期間力阻和持國的戰爭。（印度淡米亞那督邦馬瑪利普藍）

　　堅戰是貢蒂召喚閻摩後所生之子，閻摩雖是掌管地獄的死神，但也負責死後審判，所以被視爲正法之神。當般度五子娶了木柱王之女黑公主後，聲勢漸隆，他們的伯父持國聽從建議，將逃亡的般度五子召回，分疆裂土劃分一半的國土給般度族。在堅戰治下，那片已經沒落的土地變得井然有序，人民安居樂業，般度族的聲名不脛而走。堅戰甚至舉行過「王祭」，在所有國王的祝福下成爲皇帝，在政治的領域上，堅戰的才能是受到肯定的。

　　但或許是正法神之子，堅戰的個性一板一眼，不會耍弄權謀，他的堂兄弟難敵就是看準他這一點，才屢次要詐得逞，累得他的四個兄弟跟著他受苦受難，連同金枝玉葉的妻子黑公主，也跟著他們一起被放逐。以現代的說法，堅戰可以說是般度五子中的溫和鴿派，這也是般度族遭難的原因，若不是他一再阻止，他那兩個鷹派的弟弟怖軍和阿周那，早就和俱盧族大打出手了，或許早早和俱盧族做個了斷，般度五子也不用吃那麼多苦頭。

　　但明明是一個誠實正直的好國王，堅戰最讓人難以理解的，就是連續兩次接受難敵的邀請去賭骰子。持國王的兒子難敵一向對

他的堂兄弟般度五子懷有莫名的妒恨，般度族日漸強盛更讓他終日惶惶不安，難敵的舅舅沙恭尼給他出了個壞主意，他們邀請堅戰到持國王治下的象城賭骰子，由善賭的沙恭尼代替難敵跟堅戰博弈對賭。

骰子在沙恭尼手上就像變魔術般，堅戰不但輸掉了金銀財寶、車馬軍隊，甚至把整個國家都輸掉了。但堅戰猶不肯罷手，不但他的兄弟無種、偕天、阿周那、怖軍都成了籌碼，連同他自己、妻子黑公主也全給賠上。黑公主還當眾被羞辱，埋下了般度五子誓言復仇，以及婆羅多族自相殘殺的種子。

難敵兄弟對黑公主的侮辱，讓婆羅多族長老也看不下去，於是持國王宣布這場賭局不算，般度族才滿懷憤怒離去。但是他們一行人還沒回到自己的天帝城，半路又被難敵找回去重新再賭。賭注是輸的一方，要和他的兄弟一同被放逐十三年，最後一年還要隱姓埋名度過，若被人認出來，就要再自我放逐十二年。這次賭博之神再一次徹底遺棄堅戰，他又全盤皆輸。

對於難敵的設局，堅戰的兄弟及妻子黑公主都極為憤怒，怖軍甚至主張立刻開戰，但都被堅戰道德勸說，認為願賭服輸。但他忘記了難敵詐賭在先，正當的憤怒一點都不違反正法，其次他也不該將兄弟、妻子當籌碼，他自己的錯卻要至親共同承擔，還認為這樣才符合正法，這樣的行為邏輯跟他的政治才華，簡直判若兩人。

印度人一直有苦行的習俗，認為這樣可以獲得終極解脫，或許堅戰是受此影響而把「吃苦當成吃補」。整部《摩訶婆羅多》也一直在倡導「天將降大任於斯人，必先苦其心智，勞其筋骨，餓其體膚」的觀念，也許這些故事的誇張鋪陳，不過是《摩訶婆羅多》作者要給世人的警惕吧！

堅戰小檔案	
身世	父－正法神閻摩 母－貢蒂
配偶	黑公主、提薇佳
子嗣	波羅底賓底耶、逾陀西耶
性格	老實、堅毅
出處	摩訶婆羅多

▲般度五子與妻子黑公主。堅戰與黑公主坐在王座上，雙馬神的孿生子無種和偕天站立在王座兩旁，左前方拿銅錘的是怖軍，右前方的是阿周那。

阿周那 Arjuna · अर्जुन

阿周那是般度五子中最出色的王子，在史詩《摩訶婆羅多》中，阿周那是英雄的典範，武藝超凡，勇猛善戰，而且心胸寬大仁慈。名垂千古的印度教聖典《薄伽梵歌》，就是他在俱盧開戰前和黑天的睿智對話。

阿周那，是貢蒂皇后用求子咒召喚雷電神因陀羅而生下的兒子。在木柱王比武選婿時，技壓群雄為般度五子贏得黑公主的人就是阿周那。般度族第二次流亡時，難敵用擲骰子的卑鄙手段贏得般度五子的國土，阿周那相當不服氣，加上黑公主受辱，讓他與怖軍強烈要求大哥堅戰出兵攻打俱盧族，最後在堅戰的好言勸阻及廣博仙人的建議下，他強壓憤怒前往雪山苦行，希望能夠獲得天授神器，好在流亡期滿後洗刷屈辱。

他的親生父親因陀羅不忍愛子受苦，親往雪山喬裝成婆羅門暗示愛子，要取得神器就要向濕婆神祈求。有一回阿周那在雪山狩獵，濕婆和妻子雪山女神假裝是一對獵人夫妻，想要滿足阿周那的願望。在阿周那射到一頭野豬時，獵人也出箭射向野豬，阿周那不滿地向獵人抗議：「你是誰？難道沒看見野豬是我先射到的嗎？」獵人輕蔑地回答：「我就住在這山上，瞧你這身貴族打

扮，獵豬不過是你的開暇遊戲，卻是我們營生所需。如果你不服氣，那我們就一決勝負吧！」

阿周那以武士的尊嚴應戰，出箭如閃電般襲向獵人，卻發現獵人刀槍不入，震驚之餘，他開始向濕婆神祈禱。此時他才恍然大悟，站在他面前這個刀槍不入的神人，正是濕婆神。他趕緊跪下向濕婆神懺悔，濕婆慈愛地將神器給了阿周那，還幫他加持，讓他體力瞬間增強百倍。因陀羅知道兒子得到神器，立刻下凡接他到天上，而阿周那在天界也協助因陀羅大戰阿修羅。

當般度五子隱姓埋名藏匿在摩差國期間，阿周那偽裝成後宮太監，教後宮佳麗唱歌跳舞。在怖軍殺掉輕薄黑公主的國舅空竹後，俱盧族懷疑般度五子就藏在摩差國，於是派出大軍前往討伐。阿周那幫助摩差國王子戰勝俱盧軍隊，摩差國王這時候才恍然大悟，他身邊的謀士堅戰是般度王、廚師是怖軍、太監是阿周那，無種和偕天一個管馬一個管牛，美麗的宮女則是黑公主。般度族十三年的放逐年限，也在此時期滿。

眼見俱盧一戰勢不可免，善戰的阿周那卻猶豫了，因為他們要

◀ 在俱盧之戰開戰前，阿周那充滿疑惑，不知道為什麼要砍殺自己的親族手足，全身癱軟，神弓掉在腳邊，但求不戰而死。

▲黑天駕著馬車，將阿周那帶向戰場。這是摩訶婆羅多的著名場景，也是《薄伽梵歌》的開場。（印度奧利剎邦普里）

一決生死的是一起長大的手足，以及看著他們長大的家族長老。此時，他的好友黑天向他講述了業力、知識和信仰的關係，鼓勵他要面對自己的責任，這段對話名垂千古，就是舉世著名的《薄伽梵歌》。不過阿周那的心理負擔實在太大了，對於這場親族廝殺仍無法釋懷，直到黑天現出大神毗濕奴的原形，阿周那這才跪倒在毗濕奴底下，沒有任何質疑地前往戰場。

阿周那的痛苦，同樣也發生在堅戰身上。一場戰爭打下來，他尊敬的伯公毗濕摩、視如父親的老師德羅納都戰死沙場，他們五個兄弟的兒子也死了，遑論無辜捲入戰爭的老百姓。堅戰認為自己罪孽深重，不肯登基稱王，於是般度五子舉行馬祭，由阿周那率軍，在祭馬的一年間，臣服了許多國家，並獲得天神祝福，堅戰才登基為王。

▲黑天駕車將阿周那帶向戰場。（私人收藏，木飾畫）

阿周那小檔案

身世	父－雷電神因陀羅 母－貢蒂
配偶	黑公主、妙賢、 優魯毗、花釧
子嗣	多聞、激昂、 伊羅婆底、波婆羅
特質	俊美挺拔、文武雙全
出處	摩訶婆羅多

怖軍 Bhima · भीम

怖軍是般度五子的老二，親生父親是風神伐由。就像同父異母的兄弟哈奴曼，怖軍也一樣驍勇善戰且力大無窮。他一身是膽地殺羅刹和除掉惡王妖連，爲自己立下神勇的典範。

俱盧族和般度族之間的恩怨，從青少年時代就開始一點一滴的累積。怖軍從小就孔武有力，和持國百子打打鬧鬧時，下手總是不知輕重，常讓持國百子渾身是傷，而他還像沒事人一樣，繼續他的暴力遊戲，讓難敵對他動下殺機。

難敵當時會將怖軍當作目標，是因爲難敵自己也是孩子，認爲力氣大的就是最強的，只要殺掉怖軍，就可以削弱般度五子的力量。沒想到怖軍命不該絕，儘管難敵兄弟給他吃了有毒的食物，還把他丟進恆河裡，但他不但沒淹死，還因爲被毒蛇咬到，解了身上的毒，甚至因禍得福地增加了功力。

難敵火燒紫膠宮想燒死般度五子時，怖軍扛著母親貢蒂

后，雙臂各夾著無種和偕天兩個弟弟，還一手牽著堅戰一手牽著阿周那，發狠跑了好幾天，終於保住全家倖免於難。力氣大的人，食量當然也大，流亡時，怖軍不怕吃苦，就怕吃不飽，爲了他，母親和兄弟雖然盡量縮衣節食，還是不夠他祭五臟廟。

有一天，貢蒂聽到隔壁鄰居傳來哭聲，仔細一聽才知道，原來

今年輪到他們家要交出一人去獻祭羅刹，全家人正搶著要犧牲自己來保全家人。貢蒂感動之餘，就讓怖軍去爲民除害，她相信憑著風神之子、神猴哈奴曼之弟的威猛，小小羅刹絕對不是怖軍的對手。怖軍奉母命到了羅刹巢穴，先將村民獻給羅刹的食物一掃而空，等吃飽喝足了，稍微活動一下拳腳，就把一群羅刹收拾得一乾二淨了。

誅殺惡王妖連也是怖軍的豐功偉業之一，摩竭陀國妖連王無故計畫要殺害一百個國王，而他已成功地將八十六位國王脅持在摩竭陀國的監獄裡。怖軍和妖連赤手空拳打了十三天仍不分勝負，在第十四天怖軍終於成功擒住妖連，抓住他的兩條腿活活撕成兩半，一代妖王就此殞命。怖軍釋

◀ 怖軍執著銅錘，將曾經污辱過黑公主的難降打死，撕裂難降的胸口。

放了所有國王，他的大哥堅戰就是因為有怖軍的這件偉業為他加分，才得以順利舉行王祭，自稱為帝。

當般度五子第二次流亡時，怖軍意外地在林中遇到了他的異父哥哥神猴哈奴曼。當時哈奴曼特地躺在怖軍採花獻妻的必經之路上，要來考驗這個未曾謀面的弟弟。哈奴曼用長尾擋住怖軍的去路，怖軍用盡全力，還是未能將長尾挪動分毫，這時哈奴曼告訴他：他們是同胞兄弟，同是風神伐由的兒子。

兄弟相認時，怖軍興奮地和哈奴曼相擁，在哈奴曼的刻意加持下，怖軍的力量更勝以往。哈奴曼同時向怖軍宣示了四種姓的不同職責及四瑜伽的學說。

雖然怖軍不拘小節，做事風風火火地頗為魯莽，卻是妻子黑公主最溫柔的依靠。當黑公主隨著般度五子藏匿在摩差國當宮女時，國舅空竹曾對黑公主百般調

▲怖軍。摹寫自怖軍街（Bhima Gate）的怖軍浮雕。

戲，還企圖強暴，當時是怖軍出面殺了空竹，將空竹搗成肉醬，保全了黑公主的名節。後來在堅戰以兄弟、妻子為籌碼賭輸難敵時，黑公主受到難敵言語羞辱，難降還抓著黑公主的頭髮，從後宮拖到大殿，企圖當眾剝衣凌辱。怖軍當時就發誓要打斷難敵的腿、撕裂難降的胸口，為妻子報仇。在俱盧之戰時，怖軍終於兌現了他的諾言。總之，凡是欺侮過黑公主的男人，最後都不得好死。

在兩軍幾乎全數陣亡的俱盧之戰中，怖軍一如以往衝鋒陷陣，戰事進行到第三天，他就一箭把難敵射暈了，第四天怖軍施展神力，高舉著大錘專門擊打俱盧軍隊的象群，難敵的八個兄弟也命喪在他的錘下。到了第六天，難敵又吃了他一箭；第十四天，他又收拾了持國王十一個兒子的命；但當天晚上，他的兒子瓶首（他與羅剎女希丁八所生）也被迦爾納以神矛刺死。

▲印尼皮影戲的怖軍造型。

怖軍小檔案

身世	父－風神伐由 母－貢蒂
配偶	黑公主、希提姆波、婆蘭德訶羅
子嗣	室魯陀蘇摩、瓶首、娑哩婆迦
性格	莽撞、忠誠
出處	摩訶婆羅多

黑公主 Draupadi · द्रौपदी

般遮羅國木柱王的女兒黑公主，容貌出眾，是史詩《摩訶婆羅多》的女主角。她是阿周那比武招親時贏得的寶物，後來更成為般度五兄弟的共同妻子，隨著五兄弟到處流亡。

美麗的黑公主是各國王子競逐的對象，她的父親疲於應付，在誰都不得罪的情況下，他為黑公主舉行了一場比武招親。條件是參與比試者必須出身高貴、容貌端正；最重要的是必須能拉開神弓，連發五枝箭，且箭箭都要穿過轉盤中的小孔，然後命中紅心，才算合格。

消息一出，包括持國王的兒子難敵、迦爾納、黑天、童護、妖連、沙利耶，還有般度五子等各國未婚王子都躍躍欲試，迫不及待地前往般遮羅國。但是招親比武可沒有王子想像得那麼簡單，不少有名望的王子志得意滿地上台，卻灰頭土臉地下台，很多人甚至連千斤神弓都拉不開。

當以英勇著稱的迦爾納上台時，每個人都覺得他應該是勝券在握了，他也不負眾望地連續四箭命中紅心，但偏偏最後一箭之差讓他飲恨下台。現場立刻一陣騷動，連迦爾納都不能過關

▶黑公主的容顏絕美，是各國王子爭取的對象。比武招親時被阿周那贏得勝利，因貢蒂后要求，成為般度五子共同的妻子。（印度淡米亞那督邦堪奇普藍）

▲纖細的腰肢是黑公主的特徵。（印度淡米亞那督邦馬瑪拉普藍）

了，天底下還有誰有那個本事？看來，是木柱王故意在愚弄大家。這時偽裝成婆羅門的阿周那上台了，現場噓聲四起，沒有人看好這個年輕人。沒想到阿周那輕輕鬆鬆就把神弓拉開，五枝箭連發出去，枝枝命中紅心。現場立刻爆出如雷歡聲，就像大家一起贏得黑公主一樣興奮。

當木柱王得知贏得比試的人是阿周那時，高興得直呼老天有眼，但等到聽阿周那說，要和兄弟一起合娶黑公主時，木柱王頓時氣壞了。原來阿周那贏得黑公主後，立刻通知了母親貢蒂，貢蒂以為阿周那只是贏得什麼貴重的寶物，因此要阿周那與兄弟一起分享，於是誤打誤撞下成就了這個奇妙的姻緣。木柱王了解情況後和黑公主商量，決定遵守比武招親的約定。

婚後，王子和公主沒能一直過著無憂無慮的生活。在般度五子第一次流亡時，她為他們五人各生下一個孩子。後來她還被堅戰當成籌碼，輸給了俱盧族，難敵的弟弟難降甚至拉著她的頭髮從後宮拖到大殿，還想剝掉她的衣服徹底羞辱，黑公主不堪凌辱，當場昏了過去。幸好天神慈悲，難降每剝下一件衣服，黑公主身上就會出現一件新衣服，直到難降剝到手軟，黑公主的衣服都沒少一件。黑公主受盡凌辱，她的丈夫看在眼裡、痛在心裡，誓言要俱盧族付出代價，埋下了日後骨肉相殘的悲劇。

黑公主的受難不只這一次。般度五子第二次流亡，她跟著過了

▲堅戰輸了骰子，將黑公主和兄弟、國土都輸給難敵。難敵和難降便將黑公主拖來，想當眾剝光黑公主的衣服，因黑公主向黑天祈求，身上的袍子無論難降怎麼脫都脫不完。

十三年的苦日子，甚至還隱姓埋名地在摩差國當了一年的宮女，期間曾多次遭到王后哥哥空竹的騷擾，甚至差點就被強暴。她不堪受辱，向怖軍訴苦，怖軍一怒之下將空竹搗成肉醬。這件事鬧得摩差國沸沸揚揚，差點就暴露了般度五子的身分。

等到般度五子贏回王權，黑公主終於恢復王后身分，但俱盧一戰卻讓她失去了五個愛子，后位只是徒增她的傷悲而已。最後她跟隨般度五子前往雪山修行時，不幸病逝在半途。

黑公主小檔案

身世	父－木柱王
配偶	般度五子
子嗣	波羅底賓底耶、室魯陀蘇摩、多聞、舍多尼迦、室魯陀家里曼
特質	美麗、貞潔、堅毅
出處	摩訶婆羅多

黑天 Krishna・कृष्ण

黑天是印度教大神毗濕奴的第八次轉世化身，每次化身下凡，都是爲了除暴安良。黑天信仰在印度教中自成一派，經常出現在文學、繪畫和歌舞藝術中。史詩《摩訶婆羅多》的黑天，則是般度五子最主要的盟友之一。

▲吹著笛子的牧童，是黑天的典型造像。由於黑天是毗濕奴的化身，除了笛子，黑天手上也會拿著毗濕奴的法螺和神盤。（印度淡米亞那督邦堪奇普藍）

　　當世間出現令人無法忍受的暴君或妖魔時，印度教大神毗濕奴就會下凡爲民除害，這是祂對世人的承諾。在黑天尚未出生前，那羅陀仙人就曾預言，暴虐無道的剛沙王，將死在妹妹提婆吉所生的第八個兒子手上。聽到這個預言，剛沙王殺掉妹妹的六個兒子，而她的第七和第八個兒子則在剛沙王還來不及出手前，就和牧民的孩子調換過來，因而逃過一劫。

　　剛沙王知道黑天沒死，派女妖普塔娜前去牧民家中暗殺，那時黑天還不過是個沒斷奶的嬰兒。女妖趁夜深人靜，假扮黑天的養母幫他餵奶。看到黑天餓呼呼地拚命吸奶，女妖高興極了，因爲她的奶水有毒，等她發現不對勁時，黑天已經將她的元氣吸盡，女妖一命嗚呼。

　　黑天和他的哥哥大力羅摩漸漸長大，兄弟倆淘氣又聰明，是村裡的開心果，也讓養父母傷透腦筋。有一回養母實在氣不過，就在黑天身上綁了一塊大石頭，然後跟他說，你這麼愛玩，就帶著這顆石頭一起玩好了。沒想到黑天竟然就拖著石頭跑來跑去，一不小心卡在兩棵大樹中間，他一使力就把兩棵大樹給弄倒了。鄰

居紛紛跑來圍觀，不敢相信小小年紀的黑天竟有辦法弄倒兩顆參天古木。

黑天就這樣在牧民家中快樂長大，一天他照常在草地上放牧時，發現草地漸漸枯竭，於是就化出無數頭惡狼，讓牠們攻擊牛群、驚嚇婦人和小孩，逼得村民放棄這片草原，移居牛增山一帶。沒想到牛增山好山好水，牧民意外過得比以前還要富裕。村民決定舉行因陀羅祭來感謝天神之恩，黑天建議村民還不如感謝牛增山神，村民想想也有道理，於是牛增山祭就熱熱鬧鬧舉行了。不過這可惹惱了因陀羅，祂降下一連七天七夜的滂沱大雨想教訓村民，但黑天用一根手指頭就舉起了牛增山，讓村民和牛群都躲到牛增山上。這讓因陀羅對黑天刮目相看，決定下凡去會會黑天。

因陀羅一見到黑天，馬上就知道他是毗濕奴轉世，趕緊向黑天道歉，並請求黑天照顧他凡間的兒子阿周那，黑天當下就爽快地答應了。當般度五子和持國百子僵持不下時，黑天一直是般度族最忠實的伙伴。在俱盧之戰前，難敵和阿周那都曾親自登門請求黑天助陣，黑天便把自己跟軍隊分成兩邊，讓阿周那和難敵各選一個，阿周那選擇了黑天本人，而難敵則是得到黑天的軍隊。俱盧之戰時，黑天充當阿周那的車伕，兩人默契十足地殺敵無數。

與黑天相關的神話故事中，最動人的就是他和牧女拉達之間的愛情故事。他們兩人雖然相愛，卻因為種姓不同，導致拉達另嫁他人。後來黑天殺了舅舅惡王剛沙，成為雅度族國王，終於搶回拉達再續前緣。兩人跨越階級的愛情，或許正代表印度人潛意識中的渴望，而這段愛情故事至今仍是印度文學、戲劇最受人喜愛的佳話。

▲因為黑天的名字「Krishna」在梵語中有「黑」的意思，在奧利剎邦普里，黑天和他的兄弟巴拉茹阿瑪、姊妹蘇巴鐸，被描繪成黑臉、大眼的形象。在這裡，黑天又叫做「佳格那達」。（印度奧利剎邦普里）

▲黑天在少年時期，英俊多情，牧羊女一聽到他的笛聲，便為之傾倒。（印度拉佳斯坦邦）

黑天小檔案

身世	父－富天 母－提婆吉
配偶	魯格米尼、一萬六千個妻子
子嗣	十八萬個子女
特質	卓越的政治和軍事家
出處	摩訶婆羅多

拉達 Radha · राधा

牧女拉達是黑天牧童時期的青梅竹馬，兩人的愛情故事在《訶利世系》及《牧童之歌》中都有進一步描寫。黑天教派的信徒更將黑天比喻為太陽，將拉達比喻為陽光，兩者是互不可缺的一體。

在印度社會中，女性就如同男人的影子一樣，牧女拉達的存在，基本上只是為了反映黑天信仰的變化。史詩《摩訶婆羅多》裡的黑天是般度五子的盟友，他是大神毗濕奴的化身，當他以毗濕奴的形象和阿周那對談《薄伽梵歌》時，他代表的是正法；對拉達的描述不過隻字片語。但講述黑天身世的《訶利世系》，則

對黑天和拉達的愛情多所著墨，這時的黑天已不是正經八百的正義化身，而是成了一個萬人迷的風流情種。

黑天不只對拉達癡迷，也到處跟牧區的女子調情。只要一聽到黑天悅耳的笛聲，牧區女子便想方設法擺脫家人（甚至是丈夫），前去和黑天幽會；而黑天也來者不拒地和她們遊戲、跳

舞、打鬧、調情、擁抱，以及進一步的性愛。相較於端坐神龕受人膜拜的神明，風流多情的少年黑天要人性化得多。

黑天和拉達的愛情可以如此鮮活地流傳到現代，與它後來變成豔情故事有密切關係。印度中世紀詩人勝天在《牧童之歌》中大力鼓吹兩人的豔情，並仔細描寫兩人的性愛場面，「看到自己的

▲黑天與拉達的愛情故事是印度性力崇拜的代表。黑天和拉達是不可分割的一體，舉凡文學、繪畫、戲劇，黑天與拉達的愛情故事都很受歡迎，為人津津樂道。（印度海德拉巴影城）

▲黑天與拉達在田野間快樂的生活。此為印度細密畫風格的掛毯。（私人收藏）

戀人黑天，拉達眼中滾動著幸福的眼淚，她低垂著眼簾看到黑天身旁用草地鋪成的寢床，臉上露出愉快的笑容，心中充滿激情的渴望……」雖然印度自古就有豔情詩歌流傳，但如此赤裸裸地描寫天神的豔情，仍不免讓信徒大開眼界，嘖嘖稱奇。

印度人以性力的角度，對拉達和黑天的情愛自有一番獨到的見解。據說黑天有一萬六千種力量，但他需要有女性幫他提升力量，因此他將一萬六千種力量全部化為女子，其中最美麗的力量就是拉達。對於拉達的美麗，《讚歌集》刻畫入微：「拉達的美麗，使吉祥天女對自己的魅力感到絕望。拉達的謙虛是她的絲

綢內衣。對黑天的強烈愛情，是裝扮她身體的化妝品。拉達的裝飾品由九種最珍貴的珠寶組成，那就是她的顫抖、眼淚、激動、恍惚、汗水、口吃、臉紅、瘋狂和昏厥。她的外衣由崇高的美德所製成。強烈的依戀染紅她的嘴唇。她的耳朵，永遠用黑天的聲音所做成的耳環來裝飾。」拉達這種不能沒有黑天的強烈依戀，才是父系社會欣賞的情愛典範。

至於黑天和拉達的愛情被豔情化，黑天教派也有話要說，信徒認為本質上黑天和拉達是同一個神，為了交流感情才展現為兩個不同的個體。黑天讓世界為之著迷，拉達則使黑天為她著迷，因此拉達是全部的力量，而黑天是

全部力量的擁有者。

因為《牧童之歌》，讓黑天和拉達的愛情永垂不朽，成為印度人最津津樂道的愛情神話，也是文學、戲曲最熱中的題材。至今在印度寶萊塢的電影中，還可看到男女主角自喻為黑天和拉達。

▲黑天與拉達是青梅竹馬，從小一起長大。（木飾畫，私人收藏）

薄伽梵歌 Bhagavad Gita・भगवद् गीता

《薄伽梵歌》是印度教聖典，「薄伽梵」是對黑天的尊稱，意謂尊者或世尊，因此《薄伽梵歌》也開啓了黑天崇拜的信仰。在印刷史上，《薄伽梵歌》是世界上印刷量第三多的書籍，僅次於《聖經》和《道德經》。

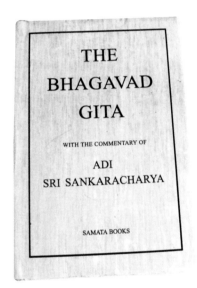

▲梵英對照版《薄伽梵歌》封面書影。（印度清奈SAMATA BOOKS出版）

《薄伽梵歌》的原文出自史詩《摩訶婆羅多》的〈毗濕摩篇〉，共有十八章、偈子七百頌。《摩訶婆羅多》的中心故事，講的是婆羅多俱盧族和般度族兩支後裔互爭王權的故事，而圍繞主題的眾多周邊故事，則闡述了印度教業、智、信、愛、解脫的觀念，其中有許多超越宗教信仰的宇宙和人生哲理，對印度社會產生了非常深遠的影響。

《薄伽梵歌》是毗濕奴轉世的黑天及般度族阿周那在戰場上的一席對話，由黑天闡述人生最高理想業、智、信三種瑜伽彼此之間的關係，可以說是《吠陀》神靈至上以及《奧義書》人類絕對精神論的綜合體。

在俱盧族和般度族的家族戰爭正式開打的第一天，雙方人馬各安其位，就等著法螺一響，展開廝殺。阿周那在戰車上，看到自己家族中的祖輩、父輩、老師、舅父、兒子、孫子、兄弟和伙伴，不是在對方陣營，就是在自己陣營，這時他惶恐迷惑了。阿周那對黑天說：「看到自己人聚在這裡渴望戰鬥，我四肢發沉，口乾舌燥。黑天啊！我不明白殺死自己人，能有什麼好處？正是為了這些人，我們追求王國和幸福，而他們卻拋下一切，要來與我們戰鬥，即使我被殺，我也不願意殺死他們。」

黑天回答並規勸阿周那，他說：「你怎麼在危急關頭，成為畏縮的卑賤者？這是高貴者的忌諱，不能進入天國享有殊榮。你、我和這些國王，過去無時不存在，我們大家死去後，仍將無時不存在，正如靈魂在這個身體裡，經歷童年、青年和老年，進入另一個身體也是這樣，智者不會為此困惑。智者對痛苦和快

▲梵英對照版《薄伽梵歌》內頁書影。（印度清奈SAMATA BOOKS出版）

樂，一視同仁通向永恆。這場合
法的戰鬥，如果你不投身其中，
拋棄了正法和名譽，你就會犯下
罪過。你的職責就是行動，永遠
不必考慮結果，不要為結果而行
動，也不固執地不行動。智慧堅
定的牟尼，遇見痛苦他不煩惱，
遇見快樂他不貪圖，擺脫激情、
恐懼和憤怒吧！」

　　但無論黑天再怎麼勸說，阿周
那也無法英勇舉刀，面對血親間
的殺戮。黑天於是現出毗濕奴的
原形，彷如一千顆太陽同時出現
在天空，無數嘴巴和眼睛，無數
奇異的相貌，無數神聖的裝飾，
無數高舉的法寶。阿周那從這位
神中之神身上看到一個完整的世
界，既統一又多樣，他汗毛直
豎，雙手合十俯首禮敬，對黑天
的話再沒有任何質疑。

　　毗濕奴恢復黑天身分，對阿周
那說：「我在這裡收回一切世
界，對立軍隊中的所有戰士都將
不存在，他們早已被殺死，你就
當做手段象徵一下吧！他們執
著、自私、暴力、驕傲、貪婪和
憤怒，仇視和嫉妒居於自己和別
人身體中的我。這些卑劣的惡
人，殘酷粗暴的仇視者，我不斷
把他們投入魔性子宮，輪迴不
休，這些愚昧的人進入魔性子
宮，生而又生，他們到達不了我
這裡，只能墮落沉淪。欲望、憤
怒和貪婪，導致自我毀滅，是通
向地獄的三重門。阿周那為正法
而戰吧！」

　　於是，阿周那再無疑惑也一
無恐懼地投身戰場，將魔性的俱
盧族殲滅，恢復了正法。

▲《薄伽梵歌》是《摩訶婆羅多》中的一章，般度族的阿周那對於即將和持國展開的戰役
躊躇不前，於是求助於黑天，祂回應阿周那的困境和迷惘，諄諄引導阿周那有關生命的知
識。（掛畫，私人收藏）

俱盧之戰 Kurukshetra • कुरुक्षेत्र युद्ध

為期十八天的俱盧之戰，是婆羅多兩支後裔的血親之戰。在宗教意涵上，俱盧之戰象徵著兩個世界的對戰，一個是化身為般度族的天神道德世界，另一個則是化身為俱盧族的阿修羅邪惡世界，這場戰爭就是正法和非正法的戰鬥；也象徵人的內心，總是不斷地善惡交戰。

這場戰爭在當時規模空前浩大，幾乎所有南亞土地上的城邦，不是與俱盧族同一陣線，就是為般度族而戰。

大戰已無可避免地一觸即發，雙方已擺好了陣仗。此時，般度主帥堅戰竟然放下武器、脫下盔甲，雙手合十地朝俱盧戰陣走了過去，他的四個兄弟緊跟在後。就在大家以為堅戰要投降之際，他恭敬地朝叔公毗濕摩做了最莊重的觸足禮，含淚說道：「敬愛的毗濕摩，請原諒不孝的子孫向您開戰！」同樣的，堅戰又領著兄弟對他們的老師慈憫、德羅納、長輩沙利耶等人恭敬行禮。毗濕摩這時不禁老淚縱橫，他向堅戰說：「孩子，勇敢的戰鬥吧！勝利終將屬於你們。」於是大戰開打。

毗濕摩不愧是當代第一勇士，他衝鋒陷陣地擊殺般度族兩位大將，般度軍險些被擊潰。幸而阿周那的兒子激昂和怖軍的兒子瓶首奮勇迎戰，毗濕摩不忍對子孫輩下重手，般度軍才能免於全軍潰敗。

第二天怖軍重新調整戰鬥隊形，阿周那和黑天也不再手下留情，才終於扳回一城。第三天怖軍射傷難敵，毗濕摩大發雄威，沒讓般度軍再下一城。當天戰鬥結束後，黑天警告堅戰，必須要先殺死毗濕摩，否則這場仗根本打不下去，堅戰痛苦不語，但也默默同意黑天的看法。第四天後，般度軍派出毗濕摩不願與之對戰的束髮，不斷對毗濕摩出手，好不容易才穩住場面，但也討不到便宜，戰事陷入膠著。

眼看雙方死傷越來越慘重，但因為是家族戰爭，每個人都有不願意殺死的人，所以誰也拿不到全面性的勝利。到了第九天晚上，阿周那前往敵營請示毗濕

▲婆羅多族後代持國和般度的子孫，兩族失合相爭不休，在俱盧之野展開了一場為期十八天的慘烈戰役。（印度奧利剎邦普里）

摩，要如何才能殺死他？毗濕摩對他鍾愛的阿周那，竟然不避諱地說出束髮的身世祕密，以及他不會跟女人動手的罩門。於是在第十天，阿周那就躲在束髮身後，射出萬箭襲向毗濕摩，不願對女人及親愛子孫出手的毗濕摩終於不支倒下。毗濕摩之死讓戰爭暫時停了下來，但他的犧牲並沒有喚醒難敵的良知，雙方還是無可避免地要對陣下去。

毗濕摩死後，俱盧軍隊由德羅納統帥，迦爾納也披掛上陣，俱盧軍同時改變作戰方式，要直取堅戰的項上人頭。就在俱盧軍差點得手之際，阿周那和激昂發現不對，立刻調陣保護堅戰，並發動猛烈攻擊，才沒讓俱盧族軍得手。

大戰第十三天，俱盧族派東光國的福壽王引開阿周那和黑天，德羅納則擺開蓮花陣，針對堅戰

▲吳哥寺的「俱盧之戰」浮雕壁畫，俱盧軍從左邊進攻，般度軍自右側迎戰。（柬埔寨吳哥寺）

而來。當般度軍陷於蓮花陣時，堅戰要激昂帶領大家衝進陣中，雖然激昂只知入陣不知出陣方式，但仍英勇入陣。原本要跟著激昂的般度軍隊，瞬間被俱盧軍攔在陣外，儘管堅戰、怖軍、善戰、束髮一再突擊，也無法掙脫勝車王的陣勢。般度族最出色的年輕人激昂，即便再英勇也是人單力孤，最後戰死在迦爾納、德羅納、慈憫、偉力、成鎧、廣聲等七位長輩的手中。

大戰第十四天，失去愛子的阿周那幾近瘋狂，他和瓶首以風捲殘雲的姿態，迅速地擊破以成鎧、難支、難降組成的小隊，並繞過德羅納的中軍，沿途順手解決了聞天、聞授、定授等大將，將俱盧軍殺得七零八落，並重創難敵，殺死福授王，砍下勝車王的腦袋替兒子報了仇。

接下來，有利形勢一面倒向般度軍，俱盧軍排山倒海般倒下，但怖軍之子瓶首不幸死在迦爾納手下；而德羅納也以為愛子馬勇戰死，萬念俱灰地在戰場上坐化升天。阿周那和迦爾納的對決時刻終於到來，趁著迦爾納的戰車陷入泥淖，阿周那舉起手中的獸主之寶殺了俱盧軍的最後一位猛將。在怖軍也殺死難敵後，為期十八天、死傷慘重的俱盧之戰終於大勢底定。

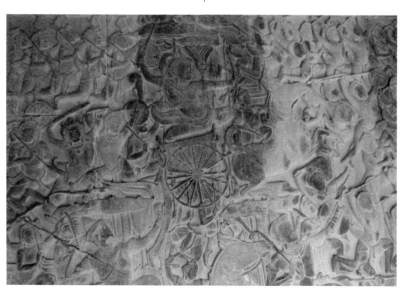

▲俱盧軍的大將。傘蓋的數量越多、在畫面上占比越大，表示其位階越高。（柬埔寨吳哥寺）

那羅王與達摩衍蒂 Nala and Damayanti · नलो चमयन्ती च

那羅王和王妃達摩衍蒂的愛情故事，是印度封建社會的愛情典範。這則故事出自於史詩《摩訶婆羅多》，當堅戰王感嘆自己命運多舛時，廣博仙人為他說了這則故事。

▲在森林中互相依偎的那羅王與達摩衍蒂。

這則經典的古印度愛情故事，是印度戲劇、歌舞和文學創作經常引用的題材。那羅是尼夏達國的國王，精於騎術、一表人才，是許多未婚女性心儀的對象。達摩衍蒂是毗達巴國美麗的公主，嬌豔如花，是公認的第一美女。兩人雖然未曾謀面，卻早已互相仰慕，暗結情愫。

話說那羅王有一天在御花園散步時，看到一群美麗的金色天鵝，隨手就抓到一隻，本想將牠圈養起來，沒想到天鵝竟然開口說話：「國王啊！請不要抓我，我會去達摩衍蒂公主那裡幫你傳情，並替你帶來好消息。」國王雖然嚇了一跳，還是滿懷期待地放了天鵝。天鵝飛到達摩衍蒂公主面前，向她訴說那羅王的衷情，達摩衍蒂也還羞帶怯地請天鵝為她向那羅王表達好感。

達摩衍蒂從天鵝那邊獲知心上人的心意後，便開始茶飯不思，她的父親見狀，便為她舉辦了選婿大典。那羅王得知消息後，馬上動身前往毗達巴國，在路上他遇到了同樣要參加選婿的因陀羅、阿耆尼、閻摩和伐樓那等天神。天神看到那羅王一表人才，要求那羅王當牠們的侍者，陪同參加選婿。那羅王焦急地說：「我自己也要參加選婿，怎可能

當你們的侍者？」但懾於天神淫威，那羅王只好答應幫祂們去探探達摩衍蒂的意思。

在天神幫助下，那羅王不受阻攔地進到達摩衍蒂的花園。當俊美的那羅王出現在達摩衍蒂面前時，她一眼就認出心上人，那羅王轉達天神向她求婚的心意，達摩衍蒂此時表明了非那羅王不嫁的決心。

沒想到選婿當天，台上一下子出現了五個那羅王，原來四位天神都假扮成那羅王的模樣，要來考驗達摩衍蒂。達摩衍蒂便向天神表明自己堅決的心意，天神感動之下，告訴達摩衍蒂，天神不會眨眼、不會流汗也不染灰塵，頭戴的花冠也永不枯萎。於是達摩衍蒂認出了真正的那羅，在天神的祝福下和那羅王成婚，回到尼夏達國。

兩人婚後自然恩愛不渝，但沒有如願得到如花美眷的惡魔卡力

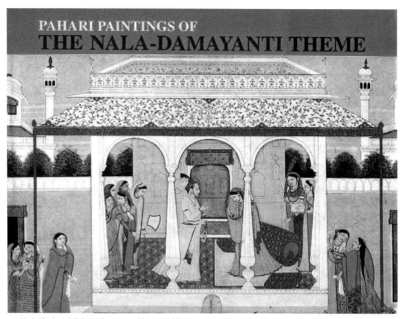

▲印度政府出版部所發行的《帕哈里繪畫中的那羅王與達摩衍蒂》，1995年出版。

▲印度哲學研究會發行的《那羅王與達摩衍蒂》，2004年出版。書封描繪金色天鵝替那羅王向達摩衍蒂傳遞情意。

卻早已蠢蠢欲動，他慫恿那羅王的弟弟普舒卡拉和那羅王賭博，然後自己鑽進那羅王體內，讓那羅王盤盤皆輸，還欲罷不能。等到那羅王清醒時，已經一無所有，只剩下王后達摩衍蒂和他一起離開王宮。

嬌貴的國王和王后實在不堪流浪的日子，那羅王勸妻子回到父親身邊，自己則趁著妻子熟睡時一人上路流浪。一覺醒來不見丈夫，達摩衍蒂氣急敗壞地尋找夫婿，她先是受到大蛇攻擊，還差點被獵人輕薄，最後契第國的王后收留了她，接著才被父親找回家去。

那羅王隻身流浪的日子當然更苦了，有一回他救了陷入火災的蛇王，蛇王毀去他的容貌，讓他得以躲過惡魔糾纏，並給了他一件可以恢復容貌的衣服，後來還推薦給阿逾陀王當車伕，那羅王的日子才好過一些。

當達摩衍蒂聽到使者回報說，那羅王可能是阿逾陀王的車伕後，便假意放出招親訊息，引誘阿逾陀王帶著車伕一起前來毗達巴國。一路上，阿逾陀王要車伕教他精湛的騎術，自己也把賭術教會車伕，當作旅途上的休閒。

到了毗達巴國，阿逾陀王才發現哪有什麼招親大會，而自己的車伕竟然被美麗的公主認出是失散多年的那羅王。後來那羅王穿上蛇王給的衣服，恢復了容貌，並憑著阿逾陀王教會的賭術贏了弟弟，重新拿回王位。

羅摩衍那 Ramayana • रामायण

《羅摩衍那》與《摩訶婆羅多》並稱爲印度兩大史詩，對印度文學、宗教和社會的發展影響深遠，可以說是印度文化的基石。《羅摩衍那》的意思是羅摩的遊記，主要人物是拘薩羅國的王子羅摩與王妃悉多。

《羅摩衍那》的成書年代，約在公元前三世紀到公元二世紀之間，歷史學家認爲應該與《摩訶婆羅多》同一時期，但也有人認爲《羅摩衍那》是更早之前的作品。作者蟻垤是個傳奇性人物，相傳他修苦行，靜坐在森林中數年不動，後來螞蟻在他身上做窩，所以名字才叫蟻垤。他自己是《羅摩衍那》的作者，也出現在故事情節中。不過歷史學家還是認爲，蟻垤和《摩訶婆羅多》的作者毗耶娑一樣，同爲後人假託的虛構人物，這兩部史詩都是宮廷歌手和民間吟遊詩人的集體創作，是漫長歷史的累積產物。

《羅摩衍那》全書有兩萬四千頌，約有八十萬多字，內容主軸在講述拘薩羅國王子羅摩和妻子悉多流亡森林十四年間所發生的悲歡離合故事。書中有七個篇章，包括《童年篇》、《阿逾陀篇》、《森林篇》、《猴國篇》、《美妙篇》、《戰鬥篇》和《後篇》，第一篇和最後一篇被認爲是後來補增，二到六篇是原作。補增部分除了寫法上和原作略有不同，還將羅摩說成是大神毗濕奴的化身，之所以會降世而後流亡森林，都是爲了要消滅羅刹魔王羅波那。

在這部史詩中，作者塑造了一系列理想的人格典範，主角拘薩羅國王子羅摩爲了不讓父親食言，自願拋棄王位流放森林，後來爲了營救妻子，和猴族聯手奮戰消滅魔王，這是孝道和正義的化身。羅摩的妻子悉多，甘願捨棄皇室生活隨夫流亡，後來還自焚證明自己的名節，雖是悲劇收場，卻是印度理想妻子的典範。

羅摩的兄弟羅什曼那和婆羅多，前者隨兄出走追隨左右，後者不願繼承不合正法取得的王位，都是孝悌的楷模。而風神之子哈奴曼爲了友情和正義，協助羅摩打敗魔王救回悉多的情節，更讓哈奴曼成爲印度人崇拜的偶像。由於本書確立了人間的宗教和道德標準，相傳天神曾經答應蟻垤，只要山和海還存在的一天，世間的人就會繼續閱讀《羅摩衍那》。

相較於《摩訶婆羅多》，《羅摩衍那》的故事情節較爲緊湊，而且在國外的知名度也遠遠超過《摩訶婆羅多》。《羅摩衍那》在中古時期就傳遍亞洲，現今發現有古爪哇文的《羅摩衍那》、

▲羅摩衍那故事由泰國國王拉瑪一世改寫成「拉瑪堅」，作爲皇朝的信仰依歸。「拉瑪」就是「Rama」的音譯，拉瑪皇朝歷代國王都是羅摩轉世；1782年，拉瑪一世建造大皇宮，便將「拉瑪堅」的故事繪於圍繞皇宮的迴廊牆上。（泰國曼谷大皇宮）

▲ 羅摩衍那故事在柬埔寨也很風行，不只是吳哥遺跡，金邊皇宮的迴廊壁畫也以羅摩衍那為主題。（柬埔寨金邊皇宮）

柬埔寨文的《羅摩的光榮》、馬來文的《吉祥羅摩傳》、老撾文的《可愛的羅摩，可愛的羅什》和緬甸文的《羅摩故事》。泰文的《拉瑪堅》和雲南傣族的《蘭嘎西賀》兩部史詩，都以它為創作藍本。

《羅摩衍那》對中國的影響，最廣為人知的就是《西遊記》中的美猴王孫悟空，孫猴子就是脫胎自《羅摩衍那》中的風神之子哈奴曼。此外，中國的漢譯佛經也多次提到《羅摩衍那》，《雜寶藏經》和《六度集經》就介紹了這部著作，當時書名譯為《那羅延書》。西藏、蒙古、新疆、敦煌等地，也都有《羅摩衍那》的古文殘卷問世。

在印尼爪哇、泰國等地，文藝創作者將這個故事製作成各種戲劇、舞蹈、皮影戲，現在仍持續演出。東南亞的印度神廟或有歷史背景的浮雕，很多都是以《羅摩衍那》的故事為主題，例如柬埔寨的著名歷史遺跡吳哥窟，便留有《羅摩衍那》和《摩訶婆羅多》的敘事浮雕長廊，兩者遙遙相對，互相呼應，向後人訴說著印度文明在東南亞盛極一時的光榮歲月。

◀ 皮克斯動畫導演桑傑帕特爾所創作的《羅摩衍那》繪本，2010年由Chronicle Books出版。

阿逾陀 Ayodhya・अयोध्या

阿逾陀是印度古國拘薩羅的都城，位於邦法扎巴德縣境內，距新德里以東大約五五五公里。
這裡是印度史詩《羅摩衍那》英雄羅摩的出生地，因而被印度教徒視爲聖城。

◀阿逾陀是古拘薩羅國的都城，為羅摩的出生地，位在新德里以東五五五公里處。自蒙兀兒時代以降，伊斯蘭教徒與印度教徒在這裡衝突不斷。

唐玄奘所著的《大唐西域記》中，以「阿逾陀國，周五千餘里，國大都城周二十餘里。穀稼豐盛，花果繁茂。氣序和暢，風俗和順，好營福，勤學藝」，來形容這個富饒和善的國家。釋迦牟尼佛曾在阿逾陀停留三個月，爲人天說法；世親菩薩也在這裡停留過，佛教論師更在這裡集體寫下《毗婆沙論》。

由玄奘的記錄可以知道，阿逾陀在古印度是眞實存在的國度，因此加深了《羅摩衍那》部分情節的可信度。對印度教徒來說，羅摩是大神毗濕奴的化身，很多毗濕奴信徒還直接供奉羅摩神像，因此對阿逾陀這塊地方自有一份特殊的情感，加上他們相信阿逾陀是人類始祖摩奴所創，這

又更加深了阿逾陀這座城市的神聖性。

但是十六世紀，蒙兀兒王朝的

皇帝巴布爾卻下令在阿逾陀建造了著名的巴布爾清眞寺，數百年下來，阿逾陀自然也成了回教聖城。這段期間，印度教和回教徒衝突不斷，一九九二年印度教徒甚至衝進清眞寺大肆破壞，他們強調這裡原來是羅摩廟，是羅摩的出生地，四百年前回教徒將羅摩廟拆毀建了清眞寺，該是重建羅摩廟的時候了。

爲此雙方爆發衝突，死傷兩千多人。印度政府後來花錢買下此地，下令誰都不能動這塊土地，但印度教徒仍蠢蠢欲動，回教徒自也不甘示弱，紛爭至今仍未獲得解決。

▲巴布爾清眞寺歷史圖像。蒙兀兒皇帝巴布爾於十六世紀初期建立了巴布爾清眞寺，作為侵略成功的紀念。印度教徒堅持清眞寺原址為羅摩聖殿，1992年，激進的印度教徒將巴布爾清眞寺拆毀，一千多人在這場暴動中喪生。

十車王 Dasharatha · दशरथ

十車王是拘薩羅國的賢能國王，史詩《羅摩衍那》主角羅摩的父親，文治武功遠近馳名。十車王原本膝下無子，舉行馬祭求子，當時大神毗濕奴為了殲滅魔王羅波那，於是分身下凡，成為十車王的四個兒子。

十車王有三個美麗的王妃，都沒能替他生下一兒半女，眼看自己就要老了，所立下的豐功偉業卻沒有人能繼承。於是他召集滿朝文武，舉行盛大的馬祭，望天垂憐賜給他一個王子。祭壇聖火熊熊燃燒，祭司不分晝夜念誦祈禱文，心聲上達三界。

當時羅剎魔王羅波那占據楞伽島，正在人間作惡，搞得三界不安。梵天有鑒於此，商請毗濕奴下凡為天地除害，並達成十車王的心願。毗濕奴的天職原本就是維護世界安寧，當然責無旁貸。他在祭火中現身，拿出一個黃金酒盅交給十車王，跟國王說：「王啊！你的虔誠感動了天神，將這甘露拿給王妃喝吧！她們喝下之後，王子就會誕生了。」

十車王非常高興，先將甘露倒出一半給身分尊貴的王后喬薩麗雅，剩下的一半再分成兩份，分別給吉迦伊和蘿蜜多羅王妃。一年後，王后喬薩麗雅生下羅摩，吉迦伊王妃生下婆羅多，而蘿蜜多羅王妃則生下雙胞胎，取名羅什曼那和沙多盧那。由於王后喬薩麗雅喝下一半的甘露，於是羅摩承襲了大神毗濕奴一半的神力，其他三個王子則分別擁有毗濕奴另一半的特質。

▲ 眾友仙人、羅摩、王后、十車王、羅什曼那。因十車王答應眾友仙人的請求，派羅摩和羅什曼那到淨修林消滅羅剎。（印度阿格拉市）

三個王子長大後，長子羅摩的表現特別優異，十車王決定立他為太子繼承王位，沒想到王妃吉迦伊受到奶媽慫恿，在立儲前一天，要求十車王兌現多年前的承諾，將羅摩放逐，並立吉迦伊的兒子婆羅多為太子。羅摩為十車王最疼愛的兒子，十車王當然不想答應王妃無理的要求，但羅摩為了不讓父親食言，決定自我放逐森林。鬱鬱寡歡的十車王，在羅摩放逐不久後就過世了。

十車王小檔案

配偶	喬薩麗雅、吉迦伊、蘿蜜多羅
子嗣	羅摩、婆羅多、羅什曼那、沙多盧那
特質	勤政愛民
出處	羅摩衍那

羅摩 Rama · राम

印度著名史詩《羅摩衍那》的男主角羅摩，是大神毗濕奴的第七個化身，毗濕奴以羅摩的形象下凡，目的是爲了剪除羅剎王羅波那，因此羅摩在印度也被視爲降魔英雄。

◀羅摩與哈奴曼。哈奴曼爲羅摩指路，羅摩張弓射箭。（印度淡米亞那督邦堪奇普藍）

羅摩四兄弟都是十車王舉行馬祭求來的寶貝兒子，其中又以羅摩天資最爲優異。有一天眾友仙人來到拘薩羅國的阿逾陀城，拜託十車王讓羅摩前去降服淨修林的兩個擾人羅剎，十車王本來不肯讓兒子去涉險，最後在仙人的懇求及羅摩的自信下，才勉強同意。三王子羅什曼那對兄長羅摩一向崇拜有加，終日不離左右，這次他也執意同行。

到了淨修林，羅摩兄弟聯手，很快就將羅剎給收拾了。眾友仙人和淨修林的隱士看到羅摩兄弟身手如此了得，建議他們不妨去彌提羅國，看看能不能拉開那把濕婆神弓。

羅摩兄弟躍躍欲試地來到了彌提羅國，國王熱情款待兩位王子，也展示了無人能夠拉開的濕婆神弓。沒想到羅摩隻手便將神弓舉起，從容地將弦裝上，抬起手臂用力一拉，一聲轟然巨響，神弓竟被折成兩段，在場的人看得目瞪口呆，不敢相信這個奇蹟。國王立刻將公主悉多許配給神勇的王子羅摩，羅摩和悉多兩人婚後恩愛，好比毗濕奴和吉祥天女。

數年後，十車王自覺年老體衰，決定冊封羅摩爲太子，將王位傳給他。就在舉行冊封的前一

天，王妃吉迦伊要求國王兌現多年前的禮物，要求將羅摩放逐十四年，並立自己的兒子婆羅多為王。十車王不肯，但羅摩為了不讓父親食言，自己決意要放逐森林，只是沒想到一場嚴苛的考驗正等著他。

放逐生活雖然刻苦，但寧靜的森林實在是靜修的好地方，羅摩夫婦和弟弟羅什曼那多年來已漸漸習慣這樣的生活。有一天羅摩的森林小屋來了一個美麗的少女，一見到英俊偉岸的羅摩便心生愛意，表明自己是羅剎王的妹妹，說凡人的生活平淡無趣，她要羅摩做她的丈夫，保證他一生享用不盡。

羅剎女越說越激動，漂亮的臉蛋開始變形，最後露出羅剎女的真面目，還準備吃掉一旁礙眼的悉多。羅摩挺身護住妻子，羅什曼那揮刀將羅剎女的鼻子和耳朵割下，羅剎女尖聲逃走，發誓此仇絕對必報。

後來有一頭金色的小鹿出現在森林小屋前，當羅摩兄弟前往追趕時，羅剎王趁機假扮成苦行僧向悉多乞食，悉多雖然有所懷疑，還是好心布施，沒想到苦行僧一等悉多接近就抓住了她，駕車飛往楞伽島。悉多在飛車上大聲呼救，還丟下圍巾，正好讓一群猴子撿到。

為了尋找愛妻，羅摩遍尋線索，有一天終於碰到那群猴子，猴王便和羅摩約定，只要他協助牠們復國，就舉全國之力幫羅摩救回悉多。在羅摩幫助下，猴王順利拿回王位，而羅摩也幸而有猴國和哈奴曼的幫助，才歷經艱險地打敗羅剎王救回悉多。

後來，羅摩夫妻、羅什曼那一起駕著羅剎王的飛車飛回拘薩羅國，結束十四年的放逐。回國之後，羅摩登基為王，勤政愛民的他把國家治理得和樂富足，四海昇平。在印度人的心目中，最理想的政治典範就是「羅摩治」，羅摩在印度人心中的地位，就像堯舜在中國人的地位一樣。而在毗濕奴教派中，羅摩則是主要的神祇，至今印度人對羅摩的崇拜依然十分盛行。

▲羅摩通常被描繪成五官俊美、藍皮膚、帶著弓箭的造型。（印度淡米亞那督邦旁帝切里）

▲羅摩與悉多成親圖，為印度細密畫風格。（私人收藏）

羅摩小檔案

身世	父－十車王 母－喬薩麗雅
配偶	悉多
子嗣	俱舍、羅婆
特質	孝順、文武雙全、仁王
出處	羅摩衍那

吉迦伊　Kaikeyi　· कैकेयी

在十車王的三個王妃中，吉迦伊最得寵，她聽信駝背奶媽的讒言，要求十車王將羅摩王子放逐森林，並立自己的兒子婆羅多為太子。本以為這是個完美的計畫，沒想到十車王因此抑鬱而死，婆羅多也不願意繼承王位。

十車王在檀陀迦森林之戰中身受重傷，是吉迦伊的車伕冒死搭救，並由吉迦伊護送到安全之處悉心照顧才慢慢恢復健康。十車王對吉迦伊的救命之恩銘感五內，開口說要送她兩件禮物。吉迦伊一時也不知道要什麼，就回答說以後再告訴十車王。

當十車王決定立羅摩為太子繼承王位時，吉迦伊原本很高興，覺得這是理所當然的安排。沒想到吉迦伊的駝背奶媽，既惶恐又憤怒地跟她說：「十車王特別寵愛妳，這些年都住在妳宮裡，王后心裡難道沒有一點不高興？要是她兒子羅摩當了國王，妳和妳

兒子婆羅多還會有好日子過嗎？若是王后要她的國王兒子來殺害你們母子，我們又能奈他何？」

吉迦伊聽信駝背奶媽的慫恿，在國王來到吉迦伊寢宮時，她先要求國王履行承諾，然後說出她要的兩件禮物，一是把羅摩王子放逐森林十四年，二是讓婆羅多繼承王位。十車王萬萬沒想到自己心愛的妃子，會提出這樣邪惡的要求，氣得昏了過去。

吉迦伊於是跑去跟羅摩說十車王為了自己的諾言正天人交戰，憂心得連飯也吃不下，只能虛弱地躺在床上。羅摩為了不讓父親食言，決意順從吉迦伊的心願，

▲奶媽慫恿吉迦伊，向十車王要求廢王儲羅摩，改立自己的兒子為王，並將羅摩放逐到森林中。（2009年印度文化節羅摩衍那戲劇表演劇照）

自我放逐森林十四年。當羅摩離開王宮後，不知情的婆羅多才返國，聽到母親要他即位，又知道王位取得不合正法，憤怒的婆羅多堅持不肯即位，只肯在羅摩回國前攝政。不久後，十車王又抑鬱而終，讓吉迦伊悔不當初。

吉迦伊小檔案

配偶	十車王
子嗣	婆羅多
性格	耳根子軟
出處	羅摩衍那

羅什曼那 Lakshmana · लक्ष्मण

羅什曼那是拘薩羅國的三王子，跟著王兄羅摩一起放逐森林，他在《羅摩衍那》史詩中的角色沒有羅摩突出，卻讓人看到難得的患難兄弟情。

在印度兩大史詩中，都有不離不棄、忠實守護兄長的王弟，雖然他們都非主角，卻也深得後人讚嘆。在《羅摩衍那》中，這個角色就是拘薩羅國的三王子羅什曼那。

羅什曼那是拘薩羅國三王妃蘿蜜多羅所生的孿生子之一，他和其他三兄弟同樣擁有大神毗濕奴的神性。從小羅什曼那就跟大哥羅摩特別親近，大哥做什麼他就做什麼，就像個小跟班一樣整天黏在羅摩身邊。

當眾友仙人要求羅摩前往淨修林除掉羅剎時，羅什曼那也堅持要跟哥哥一起去，兩人從小就接受貴族文武的精英式教育，對付

▲羅什曼那的膚色和哥哥羅摩不同，羅摩通常是青藍色，羅什曼那則是白皙的膚色。（印度奧利剎邦普里）

▲左起：悉多、羅摩、羅什曼那。羅什曼那是拘薩羅國三王妃蘿蜜多羅所生的孿生子之一，從小與羅摩感情特別好，無論羅摩去哪裡，羅什曼那都不離不棄。因此沒有獨立的羅什曼那造像，都是和羅摩一起出現。（印度淡米亞那督邦堪奇普藍）

羅剎自是游刃有餘。隨後他又跟著羅摩到了彌提羅國，當羅摩不可思議地拉斷濕婆神弓、風光地迎娶悉多公主時，彌提羅國王也將另外三位公主，分別嫁給十車王的三個王子羅什曼那、婆羅多和沙多盧那。

後來在羅摩自願流放時，羅什曼那更不畏放逐之苦，甘願和兄嫂一起前往森林。相較之下，羅摩至少還有心愛的妻子悉多相隨，但羅什曼那卻是拋下妻子隻身伴隨兄嫂，看到羅摩和悉多這對神仙眷侶，羅什曼那的內心想必是寂寞的。

羅剎王用金鹿引誘羅摩離開森林小屋時，羅什曼那警覺到這可能是個騙局，便守在嫂嫂身邊保護，悉多卻像鬼迷心竅似地一直催促羅什曼那，要他去支援羅摩，就在羅什曼那離開沒多久，悉多就被魔王擄去了楞伽島。在對決羅剎的楞伽島之戰，羅什曼那一度生命垂危，是哈奴曼將雪山扛回楞伽島，大家七手八腳地找到仙草，才將羅什曼那從鬼門關給救回來。

羅什曼那小檔案

身世	父－十車王 母－蘿蜜多羅
配偶	優理彌那
子嗣	盎迦陀、旃陀羅吉
性格	友愛、忠誠
出處	羅摩衍那

悉多 Sita · सीता

悉多是史詩《羅摩衍那》的女主角，由於羅摩是毗濕奴的化身，身爲羅摩妻子的悉多便被視爲吉祥天女的化身，印度人視之爲貞潔的象徵。她曾被羅刹王擄走，雖然後來從魔宮歷劫歸來，卻得三番兩次證明自己的貞潔，最後投入大地女神的懷抱。

▲悉多被魔王羅波那擄走。（柬埔寨吳哥遺跡女皇宮）

　　彌提羅國的公主悉多，是大地之母賜給國王的女兒。彌提羅國國王遮那加年邁無子，他選了塊地準備舉行盛大的求子祭典，就在整地時，犁溝中突然出現一個可愛的女娃，國王認爲這是大地女神的恩賜。於是對天神發誓，只有能拉開祖傳濕婆神弓的勇士，才夠資格當悉多的丈夫。

　　悉多的美貌和聰慧遠近馳名，不乏王宮貴族的追求者，但只有羅摩王子擁有拉開神弓的神力，因此彌提羅國王欣慰地將悉多嫁給了羅摩。兩人婚後過了一段平靜幸福的日子，後來羅摩放棄太子地位、自我放逐，悉多也斷然拋下養尊處優的生活，與羅摩過著粗茶淡飯、敝衣茅屋的自足生活。只是在羅刹女出現後，悉多連貧窮寧靜的生活也不可得了。

　　看上羅摩的羅刹女因爲得不到羅摩，轉而怨恨起悉多，她要求哥哥羅刹王羅波那替她報仇。羅刹王一見到悉多就深深著迷，不斷動之以情求悉多當他的妃子，最後各種恐嚇手段都用上了，但悉多就是不肯答應。這讓羅刹王更想殺死羅摩，讓悉多死心。

　　爲了奪回悉多，羅摩和猴子大軍對戰羅刹軍團，這場楞伽島之戰打得風雲變色，雙方死傷都非

常慘重，最後羅摩用「死亡之鏢」射殺了十首羅剎王，才結束了這場戰事。但是戰爭勝利後，在羅剎王宮迎接悉多的，不是丈夫厚實的胸膛，而是對她貞潔的質疑。羅摩為了王族的聲譽，要悉多證明自己的清白。悉多心一橫，請羅什曼那準備火堆，她雙手合十面對火堆說：「火神阿耆尼啊！請你向所有的人證明我的清白吧！」說完便跳進火堆，熊熊火焰很快就吞噬了她，眾人見狀都發出嘆息，羅摩也雙手掩面跌坐在椅子上。

突然，哈奴曼大叫指著火堆，大家看到火神把悉多抱在懷中，從火堆裡緩緩走出。火神開口對羅摩說：「我是善惡的見證，悉多是不可多得的聖德女子。」祂緩緩放下悉多，大火也隨著火神消失而瞬間熄滅。羅摩趕緊衝上前擁住妻子，兩人都留下久別重逢的幸福淚水。

但是，悉多的災難並未就此結束。當羅摩登上王位執掌國政後，有一天他微服出巡時，聽到百姓對悉多的貞潔有諸多的風言風語，為了王族顏面，羅摩決定休棄悉多。他請羅什曼那將悉多帶到恆河蟻垤仙人的淨修林，他相信蟻垤仙人會好好照顧悉多。

悉多知道羅摩的決定時，原本打算自盡，但因為已有孕在身，只得忍辱偷生在恆河邊產下雙胞胎兒子。可愛的雙胞胎在蟻垤仙人的教導下，聰明伶俐、文武雙全，仙人還將羅摩和悉多的歷險故事編成詩歌，教會他們吟誦。

一天雙胞胎被王宮邀請獻唱

▲悉多被羅波那關在楞伽島上，神通廣大的哈奴曼混進宮，將羅摩作為信物的戒指交給悉多。（印度阿格拉市）

▲羅摩懷疑悉多被劫，難以守貞。悉多為了證明自己的貞潔，便躍入熊熊火焰當中，讓火神阿耆尼裁定。（印度阿格拉市）

時，羅摩認出兩人是他的兒子，悉多也在此時出現重申：「我苟活至今就是為了這兩個孩子，我從未背叛我的丈夫，如果我講的都是實話，就讓大地之母敞開胸懷吧！」悉多一說完，大地真的裂開，大地之母張開懷抱，悉多迎向母親，大地就此闔上。

悉多小檔案

身世	父－彌提羅國遮那加王
配偶	羅摩
子嗣	俱舍、羅婆
性格	貞潔嫻淑
出處	羅摩衍那

哈奴曼 Hanuman · हनुमत्

在印度長篇史詩《羅摩衍那》中，神猴哈奴曼幫助拘薩羅國王子羅摩救回其妻悉多的故事，至今仍家喻戶曉，被印度人視爲正義與勇氣的化身。哈奴曼信仰歷經數千年依舊香火鼎盛，神廟遍及全印度的大城小鎮，香火甚至遠傳東南亞，泰國和日本還合資拍攝過以哈奴曼爲人類守護者的特攝電影。

▲舉著疾羅娑山的哈奴曼。（印度）

哈奴曼是風神和母猴之子，還在娘胎時就能和母親聊天對話，因爲覺得在娘胎裡很舒服，所以一待就是五十年，好不容易呱呱墜地，自然備受父親風神伐由的寵愛。在哈奴曼還小的時候，曾以爲太陽是一顆水果，餓了就想飛過去摘下來吃，雷電神因陀羅大驚失色，順手就把手裡的金剛杵往哈奴曼砸過去，哈奴曼因此跌破了下巴。風神得知後大怒，覺得因陀羅小題大作，帶著兒子遠走他方。

沒想到風神這麼一走，天上諸神慢慢覺得空氣沉悶不流通，幾乎喘不過氣來了。發現事態嚴重後，天神趕緊找到風神和哈奴曼鄭重道歉，因陀羅還承諾從此以後沒有任何武器可以殺死哈奴曼，除非祂自己想死。

好動的哈奴曼自幼就勤練武功，眾神也紛紛傳授祂各種武功祕術，祂還幸運地獲得梵天的真傳，專爲天、地、人三界斬妖除魔，濟弱扶傾。在眾神教導下，哈奴曼不論是武功或法術皆有所成，加上天生機敏和正義感，任何艱險都能夠從容應對，在神魔大戰中可說是功績顯赫。

根據《羅摩衍那》的描述，哈

奴曼可飛騰於空中，面容和身軀可隨意變化，還具有一步跨海、隻手擎山的傲人本領。祂奉猴王須羯哩婆之命，協助拘薩羅國王子羅摩一起解救被楞伽城魔王擄走的羅摩之妻悉多，哈奴曼歷經艱險、用盡巧思，終於率領猴子大軍燒毀魔王的楞伽城，幫助羅摩救回妻子。此外，為了爭取時間拿到仙草，用來救治在大戰中受到重創的羅摩之弟羅什曼那，哈奴曼把整座喜馬拉雅山一手擎起，連同違反時序提早日出的太陽神一起挾在腋下，一步跨海回到楞伽城。

哈奴曼任意變換身形的法力與神蹟，讓人很難不聯想到中國的潑猴孫悟空，但是哈奴曼比孫悟空要早出世兩千年左右。尤其《西遊記》中孫悟空大鬧天宮，更是《羅摩衍那》裡哈奴曼大鬧羅剎王宮的翻版。

哈奴曼與羅剎對戰中所施展的武、術，以及充滿個人魅力的機智和正義，讓祂的信仰至今不墜。在印度，信徒到廟裡朝拜哈奴曼時，廟裡的祭司會在香客額頭上點上紅色硃砂賜福，此習俗也源自《羅摩衍那》：有一天哈奴曼看到悉多在頭髮的分線上塗了一個紅點，便問悉多這是什麼意思？悉多告訴祂，這是已婚婦女生活幸福的象徵，也可以祈求丈夫健康長壽。哈奴曼心想，在頭上點個紅點就能長壽，那麼全身塗紅不就能獲得永生了？

於是哈奴曼把全身塗紅了去見羅摩，希望祈求羅摩長生不死，

大家一看到哈奴曼的樣子都啞然失笑，只有羅摩了解哈奴曼的一番心意。於是羅摩說，以後不論是誰向哈奴曼奉獻硃砂和油，我都將保佑他的願望一一實現。這項獻祭一直延續至今，給哈奴曼塗硃砂的儀式，還有個奇怪的稱呼──幫哈奴曼穿衣服。

▲守護著羅摩和羅什曼那的哈奴曼。（印度）

▲哈奴曼神廟的雕塑。（印度淡米亞那督邦馬瑪拉普藍哈奴曼廟）

哈奴曼小檔案

身世	父－風神伐由 母－安舍娜
法相	猴身
法器	虎頭如意金棍
神職	正義之神
出處	羅摩衍那

魔王羅波那 Ravana・रावण

羅刹王羅波那是史詩《羅摩衍那》中的恐怖魔王，隨意侵擾三界，天神對他莫可奈何，因為他曾苦行萬年，受到梵天不受天神和妖魔傷害的祝福，但同時預言了他將因為女人而喪命。

魔王羅波那是仙人補羅私底耶的孫子、毗濕羅婆和羅刹女尼迦莎的兒子，有十個頭、二十隻手、銅眼白牙、身軀碩大，力大無窮能夠移山倒海，阻止日月運行，總是乘著飛車呼嘯天際為非作歹，相傳太陽不敢照射他，風不敢吹拂他，海浪見到他也不敢洶湧。羅波那和夜叉王俱毗羅是同父異母的兄弟，後來他強占了原屬於俱毗羅的楞伽島。

原本楞伽島是個和平繁榮、生機勃勃的美麗島嶼，自從羅波那和羅刹據地稱王後，島上優美寧靜的氣氛就被破壞殆盡，飛禽走獸或被吃掉或被殺絕，整座島死氣沉沉、陰森恐怖，上空還籠罩著數百丈高的三色毒霧，飛經楞伽島上空的鳥兒會立刻中毒墮地死亡，就連天神也不例外。因此大家都對楞伽島退避三舍，不是特意繞道，就是躲得遠遠的。

相傳羅波那曾經統治三界，連因陀羅都是他的手下敗將，他逼迫天神為奴僕，火神阿耆尼曾淪為他的廚師，水神伐樓那替他打水，他的哥哥俱毗羅則被軟禁，專門負責替他提供源源不絕的財富，好讓他恣意揮霍。

眼見羅波那的惡行如此囂張，正好拘薩羅國十車王舉行盛大的

▲王羅波那有十個頭、二十隻手，因為母親長久修行，希望能獲得永生，他便去找濕婆，希望能求得甘露。羅波那原本是楞伽的國王，是個虔誠的人，因為受了詛咒才投為羅刹王，行事殘暴，百姓痛苦不堪。（印度淡米亞那督邦堪奇普藍）

祭典祈子，梵天於是委請毗濕奴下凡化身為十車王的兒子羅摩，為三界除掉羅波那。當初梵天雖然給了羅波那不被天神和妖魔殺害的恩賜，卻沒說他不會死在凡人手上，而毗濕奴本身就負有維護世界的責任，是最適合這項任務的人選。

當羅摩與妻子悉多、弟弟羅什曼那隱居森林時，羅波那的一對弟妹正好也在那座森林靜修，羅波那的妹妹羅刹女蘇波娜途經羅摩的森林小屋時，一眼就看上了俊美挺拔的羅摩，強要羅摩當他

的丈夫不成，張嘴就想要吃掉悉多，卻被羅什曼那揮刀割下鼻子和耳朵，她血淋淋地逃離小屋時，誓言一定要報此仇。後來羅波那替妹妹出頭，強押悉多回到楞伽島，種下自己被凡人所殺的禍根。

原本羅波那擄回悉多，只是要給羅摩一個下馬威，悉多的美貌卻讓羅波那為之神魂顛倒。他屢次向悉多求愛不成，改用金錢攻勢，向悉多展示他無窮無盡的財富，但仍無法打動悉多，最後他強迫悉多成婚，也無法讓悉多屈

▲為了求得不死甘露，羅波那去凱拉薩神山找濕婆，沒想到濕婆正和雪山女神翻雲覆雨，羅波那等了很久都等不到濕婆出來，一怒之下，用力搖撼凱拉薩山。（柬埔寨吳哥遺跡女皇宮）

▲羅波那在戲劇中的扮相。（2009年印度文化節羅摩衍那戲劇表演劇照）

魔王羅波那小檔案

配偶	曼度陀里
法相	十首、二十臂、銅眼白牙
神職	羅剎王
出處	羅摩衍那

服。氣極敗壞的羅波那本來決定處死悉多，幸好羅剎王后出面阻止，才救了悉多一命。

在楞伽島一戰中，羅波那原本以為勝券在握，對羅摩和猴軍根本不以為意，沒想到雙方開打後卻連連損兵折將，逼得他不得不三度親戰。他和羅摩勢均力敵，但羅摩不論舉弓射下羅波那的哪一顆頭，都會立刻長出新頭來，讓羅摩十分苦惱。最後在哈奴曼的提醒下，羅摩拿出梵天所贈的「死亡之鏢」，用這個壓箱寶射穿了羅波那的心臟，讓羅波那當場斃命。

羅摩戰勝魔王的消息一傳開，天上人間頓時歡聲雷動，花雨從天際緩緩落下，慶賀這場偉大的勝利。

楞伽島之戰 Lanka-samara • लङ्कासमर

楞伽島之戰是史詩《羅摩衍那》的高潮之一，此役是羅摩王子爲了救回被羅刹王擄走的妻子悉多，和猴軍結盟攻打羅刹軍所在地楞伽島。楞伽島就是今天的斯里蘭卡，古印度人有個奇特的地域概念，一直將斯里蘭卡視爲羅刹鬼國，印度教如此，佛教亦然。

楞伽島原本是一座欣欣向榮的美麗島嶼，被羅刹軍占領後變得陰森恐怖，四面環海的天然屏障，讓此島成爲一個進可攻退可守的天然戰略要塞。當羅摩與猴子大軍集結在印度南部沿海時，擋在前面的是一望無際的汪洋大海，於是哈奴曼飛往喜馬拉雅山，拔起兩座巍峨高山準備當橋墩，不料往海中一丟，高山剎時沒頂。

大夥兒正一籌莫展時，海洋之王沙伽羅聽到他們的嘆息，和海龜王商量後，眾多的龜子龜孫浮出海面，成爲一座連接印度和楞伽島的浮橋，羅摩兄弟和猴軍於是順利過海。消息傳到羅刹王宮，羅刹王弟畢沙納直言進諫，要求羅刹王將悉多送回，避免雙方因無意義的戰爭徒傷人命，卻遭羅刹王毒打後逐出王宮。後來畢沙納轉投羅摩麾下，成爲羅摩軍致勝的關鍵之一。

首先羅刹王派出火眼魔將出擊，火眼以雙目所見盡化爲灰燼聞名，畢沙納建議羅摩軍用鏡子反射火眼，火眼沒料到這招，一下子就被自己的火焰給反噬。原本正等著開慶功宴的羅刹王震怒之下，派兒子吉特親自帶領兩萬

▲猴軍和羅摩準備出征楞伽島。（柬埔寨金邊皇宮）

五千個士兵、八萬名弓箭手、一萬頭大象及兩萬匹駿馬迎戰。

吉特率領羅剎軍旋風般出城，哈奴曼命三萬猴軍用盾牌擋住羅剎軍的箭雨，再命三萬猴軍繞到羅剎軍背後夾擊，兩軍殺得日月無光，雙方死傷都很慘重。這時羅摩兄弟趕到，羅摩舉起神弓往羅剎軍一射，數百個羅剎軍倒下，但羅摩兄弟卻被躲在飛天戰車上的吉特用蛇鎖箭射中。這蛇鎖箭在地獄煉成，會在半空中變成數以百千條的毒蛇，不但會噴火，還會吐毒。羅摩兄弟兩人被數百隻毒蛇團團捆住動彈不得，身上也被毒蛇咬得沒一塊好肉，吉特見狀哈哈大笑揚長而去，興高采烈地要去向父王邀功。

就在羅摩兄弟和猴軍陷入絕境時，蛇群突然有了動靜，一聲鳥鳴劃破天際，原來是毗濕奴的坐騎金翅鳥感應到主人有難前來救

▲羅摩衍那故事被泰王拉瑪一世改寫成「拉瑪堅」。皇宮四周的圍牆都繪滿了金光燦爛的「拉瑪堅」壁畫，圖為楞伽島之戰的場景。（泰國曼谷大皇宮）

援，金翅鳥本來就是蛇的天敵，剎時蛇群溜得一條不剩。

唾手可得的勝利再度幻滅，羅剎王命人去叫醒沉睡的弟弟孔婆加那。孔婆加那威猛過人，梵天便讓他沉睡六年醒來一天，然後

又再度沉睡。孔婆加那一出現在戰場，就嚇壞了猴軍，他拾起猴子不停往嘴裡送，一連吃了幾百隻，羅摩和羅什曼那一個用箭射斷他的雙臂，一個用戟砍斷他的雙腿，才讓他倒下。

羅摩軍乘勝追擊，趁著吉特舉行祭祀時偷襲祭壇，將吉特擊斃。逼得羅波那不得不三度出征，復仇的烈火讓他異常凶狠，他丟出三千萬條蛇索，羅摩趕忙用鷹刺刀還擊，魔王又祭出火魔棍，羅摩以法寶金錘回應，雙方你來我往打了七天七夜，就在勝負難分之際，哈奴曼大聲提醒羅摩，別忘了「死亡之鏢」。

死亡之鏢是用赤金冶煉，鏢頭似龍非龍、似蛇非蛇，射出時，死神就附鏢飛行，沒有人能躲過死亡之鏢的索命。當死亡之鏢穿透羅波那胸膛時，他還沒弄清楚發生了什麼事，死神就將他帶往了地獄。

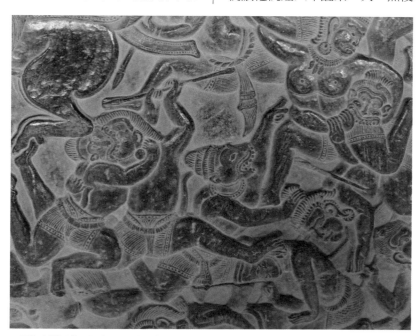

▲楞伽島戰況慘烈，猴軍狠咬阿修羅，阿修羅軍的臉和屁股都被猴子咬住了。（柬埔寨吳哥寺）

須羯哩婆 Sugriva · सुग्रीव

猴王須羯哩婆派出神猴哈奴曼和猴子軍團，幫助羅摩攻打魔王所在的楞伽島，救回羅摩之妻悉多。即便羅摩是大神毗濕奴化身下凡，但隻手空拳要挑戰魔王並非易事，若非有猴子大軍做後盾，羅摩不可能一人成事。

悉多被魔王擄走後，不知情的羅摩兄弟為了尋找她的下落，幾乎翻遍整座森林。後來遇到一位修行人，帶他們兩人來到山頂，看到四隻穿著體面、身型碩大威武的猴子端坐在石頭上。修行人說這是猴國國王須羯哩婆，而他自己是臣子哈奴曼。猴王說起看到悉多的經過，羅摩這才知道是羅剎女挾怨報復，唆使她的哥哥羅波那擄走悉多。

於是羅摩和須羯哩婆達成協議，羅摩兄弟幫助須羯哩婆奪回王位，須羯哩婆再出兵幫羅摩救回悉多。當時猴國的國王是須羯哩婆的哥哥婆黎，他驍勇善戰曾經大敗羅剎王，以致現在羅剎國還對猴國忌憚三分。

有一次猴王兄弟追趕妖魔，婆黎追進了山洞，須羯哩婆在洞口守候，但一年過去了，婆黎都沒有出來，直到有一天洞裡傳來驚天動地的叫喊，須羯哩婆心想哥哥大概凶多吉少，就搬來大石頭堵住洞口，以免妖魔跑出來，然後他就回國繼承王位。沒想到婆黎斬妖歸來後，以為須羯哩婆背叛了他，所以憤怒地驅逐了須羯哩婆，還強占了他的妻子。

羅摩本想用和談的方式，化解猴王兄弟的誤會，熟料婆黎根本不聽解釋，動手就打，在一陣混亂中，羅摩為了救須羯哩婆而射殺了婆黎。須羯哩婆重登王位後，派兵幫助羅摩攻打楞伽島，救回被魔王挾持多時的悉多。

▲須羯哩婆是猴兄弟中的弟弟，協助羅摩和羅什曼那救出悉多。

▲猴兄弟的爭執。被搶走妻子與國土的須羯哩婆和哥哥婆黎扭打起來，須羯哩婆差點命喪在哥哥婆黎手中。
（柬埔寨吳哥遺跡女皇宮）

其他讚頌、神祇

女神的榮光 Devi Mahatmyam • देवीमाहात्म्य

《女神的榮光》也稱爲《女神頌》，是一部講述難近母杜爾迦大戰阿修羅軍的故事。這是了
解印度降魔女神難近母功績的重要作品，對於印度女神的信仰也有推波助瀾之功。

《女神頌》是印度某些瑜伽教派每日修行的功課，信徒相信只要每日持誦《女神頌》，就能打通身體的輪穴，潔淨自身的精神和體魄，享有人間的安樂，祛除一切災病。

在《女神的榮光》故事一開始，出場的是戰敗的國王蘇羅達，他被迫離開自己的國土，孤獨地進入森林的一間修道院。他在那裡遇到了一個經商失敗、名叫三摩地的吠舍，他們同樣都失去所有，同樣都被「我執」操控，痛苦不堪卻又無法自拔，在相同境遇下他們相知相惜，一起去請修道院的聖者開示。

聖者開示說：「所有萬物都被操縱在『摩訶摩耶』的大能之下，由於『摩訶摩耶』的力量，這個世界才能運作，所有生物都受到痛苦，所有生物也都享受歡樂。就算是多聞之士也被『摩訶摩耶』的力量所操縱，充滿了謬見。『摩訶摩耶』是宇宙的創造者，如果得她歡喜，她便會給人類永恆的救贖。『摩訶摩耶』是一切束縛與解脫的原因，她便是一切，她是永恆的，她是最高力量的顯現，她是爲了諸神的福祉才出世的。關於她如何出世有好幾個故事。」

接下來，聖者開始娓娓道來女神「摩訶摩耶」的故事。當天地初開，勞累的毗濕奴陷入沉睡時，從祂的耳垢出現了兩個惡魔，他們想趁機將梵天吃掉。梵天便向太初之母禱告，這位宇宙之母是整個宇宙的支援者，是一切的創造者、持護者和毀滅者。一聽到梵天的祈禱，「摩訶摩耶」便從四面八方進入毗濕奴的身體將祂喚醒，而毗濕奴也立刻消滅這兩個惡魔。這便是摩訶摩耶出世的故事。

聖者接著述說女神「摩訶摩耶」的另一個故事。很久以前，天神和阿修羅之間發生了一場百年大戰，天神被阿修羅打得大敗，還被趕出天界，淪落凡間。天神跑去哀求梵天、濕婆、毗濕奴，請祂們出面，怒不可抑的三相神各自從眼睛射出怒火，怒火中誕生了降魔女神難近母，眾天神高興之餘紛紛將自己的武器交給她去降服阿修羅。

難近母和以牛魔王馬希沙爲首

▲黑天女卡莉是「摩訶摩耶」的其中一個故事。當難近母難以抵擋阿修羅的猛攻時，自額頭生出黑天女，聯手擊敗阿修羅。（印度）

的阿修羅，展開天地變色的激戰，阿修羅魔軍精銳盡出，難近母兵來將擋地悉數將百萬魔軍殲滅。看到折騰百年的戰爭終於獲得勝利，天神落下興奮的眼淚，撒下如天雨般的花朵，而難近母也允諾一旦天神再遇到魔軍，她必將再度降臨斬妖除魔。

下面是女神「摩訶摩耶」的第三個故事。這次同樣是天神被阿修羅殺得慘敗，眾神於是到雪山向「摩訶摩耶」祈禱，希望她能夠再次出面降服阿修羅，恰好雪山女神到此準備沐浴，聽聞天神泣訴，憤怒之下讓難近母再次出現。而這次的正邪纏鬥更加激烈，當難近母快無法招架時，從她的額頭誕生了黑天女卡莉，在難近母和黑天女聯手力戰之下，阿修羅最後終於不敵這兩位凶暴善戰的女神。

獲得勝利的難近母這次受到天神更熱烈的讚美，她說：「我的故事要向每一個人傳頌，這是一項極大的祝福。唱頌我榮光的家庭會得到平安和祝福，保護我信眾的人，我會為他們消滅所有的疾病和憂慮。」

聽聞聖者所說的《女神的榮光》，國王和吠舍開始念誦《女神頌》並勤修苦行，難近母果然允諾他們的心願，國王鼓起勇氣再度向敵人宣戰，最後收復失土。吠舍向女神要求的是智慧，而他最後也成為一個大智慧者。

▲難近母自三相神眼中的怒火而生，帶著眾神的兵器，收服阿修羅。（印度）

▲難近母大敗牛魔王。（印度淡米亞那督邦堪奇普藍）

女天 Devi · देवी

女天，是印度教旁支性力派的主要信奉對象，意即與男神相對的女神。性力派敬奉的女神，
囊括了印度教的主要女神及濕婆不同時期的配偶，包括薩蒂、雪山女神、烏瑪、杜爾迦、黑
天女、梵天的妻子智慧女神辯才天、毗濕奴的妻子吉祥天女等。

女天的崇拜，以性力派（也稱
作薩克蒂教派）爲主，性力顧名
思義就是男女之間的性愛之力，
而性力派就是特別推崇、敬奉此
等力量的信仰派別。信徒認爲男
神的力量是超然不動的，祂的女
性面卻是積極活躍的，男神和女
神的性力，代表神靈所特有的動
能和活力，世界上萬事萬物，包
括人類生命中所有的神祕力量，
終歸都是來自於性力，也就是女
神之力。

女天的梵文英譯爲Devi，中文
譯爲「黛維」或「提毗」。性力
派認爲黛維是所有女神的原型，
也是萬物之母，所有印度神話中
的女神都源自黛維，只是以不同
形貌展現黛維不同的神力。尤其
印度教大神濕婆的妻子，更是黛
維的極致展現。

女神的信仰非常古老，可以上
溯到母系社會的年代。當雅利安
人占領印度後，開啓了吠陀神
話，古老的女神信仰逐漸被擺到
一旁，吠陀時期的女神，在萬神
殿中就像是影子一樣可有可無。
但是在雅利安人勢力鞭長莫及的
南部或孟加拉一帶，信徒對原始
女神的信仰卻始終不離不棄，這
些地方直至今日仍是性力派信仰
的主力。

◀ 難近母是雪山女神的分
身，大戰牛魔王。（美國
紐約大都會博物館）

吠陀時期，信徒獨尊男神，到了中世紀的印度教時代，信徒卻更常透過女神來接近宗教，因此印度教男神的配偶通常不只一位。尤其是孤獨又帶著冷酷的濕婆神，最有女神緣。濕婆是少數能夠進入性力殿堂的男神，雖然祂被性力派信徒奉爲生殖之神，但祂的眾妻子在性力殿堂中的表現無疑更爲突出。

濕婆的大老婆是梵天的孫女薩蒂，在爲濕婆討公道自焚後，轉世爲雪山女神。當雪山女神溫柔地依靠在濕婆身邊時，常以烏瑪的形象伺候濕婆；一旦世界面臨惡魔侵擾，雪山女神卻能搖身一變，成爲恐怖如女魔的難近母和黑天女。這樣的形象轉變，印度人認爲就是女性性力的極致展現，可以是溫柔婉約的妻子，也可以是爲了正義暴跳如雷的毀滅女神。

至於毗濕奴忠實的妻子吉祥天女拉克希米，在性力派殿堂中則化身爲多羅（也就是度母），成爲愛欲的化身。梵天之妻智慧女神辯才天，到了性力殿堂也是不好惹的狠角色。

一般來說，各民族的女神都以慈悲溫柔的一面居多，唯獨印度性力派的女神，不是以忿怒尊的恐怖形象面世，就是像欲女一樣纏繞在大神身上享受性愛。說她們是女神，恐怕在不知性力意涵的外人眼中，多數會認爲她們更像是女魔頭。

性力崇拜之所以會在印度盛行，與印度密教不無關聯。印度從吠陀時期以來，就講求梵我合

◀ 黑天女卡莉是難近母的分身，全身黑色，傳說和火神阿耆尼的火舌有關，因此被刻畫成口吐長舌的形貌。（美國紐約大都會博物館）

一的最高境界，密教從性力崇拜的角度，將梵我合一解釋爲男女一體的陰陽合一，這樣一來男女神交和的歡喜佛，也就不用多加遮掩地進入神殿接受信徒膜拜，成爲非常特殊的宗教現象。這樣的信仰，也直接影響到藏傳佛教的雙修法。

性力派在印度社會並不是沒有韃伐聲浪，在宗教上只能算是一股潛勢力，所代表的應是在印度種姓社會中人民無法翻身的一股怨氣，於是以享樂來反抗苦行，以非道德來向婆羅門示威，用僅剩的感官之樂，暫時忘卻生活中的束縛。

▲ 濕婆與妻子雪山女神。印度教的主要女神、濕婆不同時期的配偶，都是女天的範疇。

斷頭女 Chhinnamasta · चिन्नमस्ता

斷頭女是印度密教的重要女神，在印度教神話中，是雪山女神的化身之一，象徵意志和幻覺等超越經驗的力量，也代表死亡的意識。

學者從印度出土的古老文物中，發現到許多斷頭及帶有性愛意味的女神像，由此推測斷頭女的淵源可能比印度教更爲古老，與印度土著的母神信仰應該有密切的關係。

斷頭女總是坐在太陽的光輪中沉思冥想，一隻手擎著她的頭顱，另一隻手則拿著刀劍，她和濕婆一樣都有三隻眼睛，一朵藍色的蓮花裝飾在胸前。斷頭女也常被描繪成坐在忙著歡愛的愛神夫妻身上，或是和濕婆神躺在蓮花上交歡，兩邊總是站著她的兩個密友，右邊是伐妮妮，左邊是荼枳尼。這兩位女神，是由濕婆和以斷頭女形象出現的雪山女神的歡愛性力所生。

斷頭女、荼枳尼及伐妮妮，這三人總是形影不離。在部分神話中，斷頭女的這兩個女伴，有時也稱爲佳耶和薇佳耶。相傳有一天雪山女神和這兩位女伴一起到河邊沐浴，洗完澡後，雪山女神因爲情欲高漲而變成黑色。她的兩位女伴肚子餓了，就跟雪山女神要東西吃。她要她們先等一下，但過了好久，雪山女神還是沒有拿食物出來。兩人又向雪山女神開口，她的回答是：「我正在思考。」

不論兩位女伴如何哀求，雪山女神就是不肯拿出食物，後來兩人開始讚美起雪山女神：「妳是世界之母，是慈悲的化身！」雪山女神高興之餘，用指甲劃斷自

▲十二世紀初的斷頭女畫像。斷頭女坐在正在交合的愛神（欲天）夫妻身上，荼枳尼和伐妮妮向她要食物，她便割斷自己的頭顱，自頸中噴出三道血，一道給荼枳尼、一道給伐妮妮，另外一道則由自己的斷頭喝下。

己的脖子，讓頭顱落在左掌上，三道血柱從斷頭的脖子中噴出，右邊血柱讓伐妮妮飽餐，左邊血柱給荼枳尼享用，中間血柱則是由雪山女神手中的斷頭自己喝下。此後以斷頭形象出現的雪山女神，就被稱爲斷頭女。

斷頭女小檔案

配偶	濕婆
法器	刀劍
出處	印度密續

◀斷頭女的信仰，可能比印度教更古老，應與南印度地區的母神信仰密切相關。（印度奧利剎邦普里）

三城美女 Tripura Sundari • त्रिपुरसुन्दरी

三城美女是三界中最美麗的女神，相傳她的笑容讓濕婆和愛神都爲之神魂顚倒。在印度密教的十大明天女中，三城美女的知名度和重要性僅次於黑天女和度母。

▲蘇黎恰克拉，是三城美女的象徵，也是宇宙或子宮的象徵，表示三城美女是超越宇宙的存在。

裝飾著獅子的寶座

斧

綴滿珠寶的項鍊

三叉戟

蓮花

胸部豐滿、腰肢纖細

三城美女也被稱爲蘇達熙、拉麗塔或蘇黎薇達亞，象徵完全眞實的景象及開悟。在尙未被印度密教吸收成爲大明天女之前，三城美女在古印度南方就已相當知名。最早關於她的記載是以泰米爾語寫成，後來信徒用梵文天城體的形式寫成了她的讚美詩及代表她的蘇黎明天女咒。慢慢地，三城美女的信仰擴及印度北方的喀什米爾、孟加拉和尼泊爾，成爲信徒遍及全印度的密教女神。

相傳三城美女住在喜馬拉雅山之顚，像旭日東升的太陽般閃耀，穿著虎皮的身體清澈如水晶，有著高聳豐滿的胸部和纖纖細腰，一條蛇像項鍊一樣圍繞在她的脖子上，她手上拿的三叉戟和鼓，裝飾著珠寶、鮮花和遺骸，坐騎是一頭大公牛。

雖然三城美女也會以擬人化的形態端坐在神廟中接受各界信徒膜拜，但在更多時候，她是以蘇黎明天女咒和「蘇黎恰克拉」的圖形爲象徵。三城美女的祭壇和祭儀是祕不可宣的，她的信仰核心，在於透過咒語和開祭壇使信徒達到禪定。所謂的「蘇黎恰克拉」是一種以九個大三角形交錯成四十三個小三角形，外圍再分別環繞兩層八個和十六個蓮花的圖騰，也稱爲蘇黎衍多羅，象徵整個宇宙或婦女的子宮，表示三城美女是超越宇宙的存在。

由於三城美女實在太美了，印度有些奉祀三城美女的神廟禁止參拜者在廟裡停留太久或在夜晚逗留，因爲三城美女的絕世容顏會讓一直凝視她的人陷入瘋狂。

三城美女小檔案

別名	蘇達熙、拉麗塔、蘇黎薇達亞
法器	弓箭、三叉戟
坐騎	大公牛
出處	印度密續

畏怖女 Bhairavi • भैरवी

畏怖女就像是女性版的濕婆，擁有創造宇宙及毀滅宇宙的雙重力量。在印度，她不像其他神祇都有屬於自己的神話故事，只有少數幾首關於她的讚美詩流傳下來。相較於印度，她在尼泊爾還比較受歡迎。

在印度密教的女神之中，畏怖女的相貌最為多變，共有十二種之多，分別出現在密續不同咒語和衍多羅祭典中。雖然名為畏怖女，她的本來面目卻非常美麗。根據讚美詩的形容，她的面容就像是光芒萬丈的陽光，身穿紅色的鮮豔衣裳，佩戴著用鮮血淋漓的人頭所串成的項鍊，因此胸前也染著鮮血。她有三隻美如蓮花的大眼睛，前額有著半月，有四臂和十臂的不同面貌：當她以四臂面世時，其中兩隻手臂分別拿著念珠和書本，另外兩隻手則持與願印；以十隻手臂面對眾生時，手上則分別拿著三叉戟、鼓、刀劍、棍棒、箭、絞索、狼牙棒、書、念珠和弓。

畏怖女被形容是個連神明都無法捉摸的偉大女神，雖然沒有關於她的神話流傳下來，卻無損於她在印度密教中的地位，信徒視她為無始世界的根源，是語言和四部吠陀的創造者。當濕婆和毗濕奴享祭時，畏怖女也和祂們一樣受到榮耀。一般來說，印度教女神通常都是某位男神的配偶，但畏怖女可不一樣，她是一個獨立的存在，高強的法力更是眾男神所望塵莫及。

畏怖女透過瑜伽的力量擊敗了

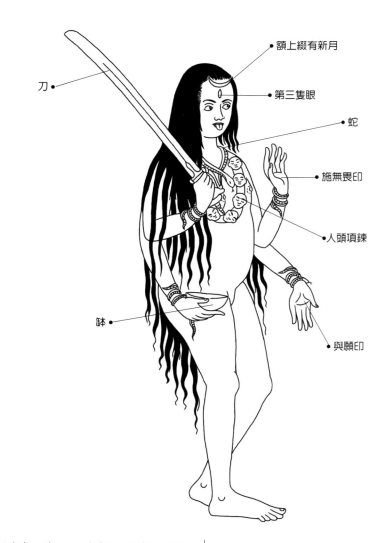

額上綴有新月

刀

第三隻眼

蛇

施無畏印

人頭項鍊

缽

與願印

淫欲、貪心、妄想、興奮、妒忌和憤怒等六種情欲，她身上具有和濕婆同樣的毀滅特質，當末日來臨時，她會用滅世之火毀掉這個世界。這和濕婆會在末日來臨時，用祂的第三隻眼放火燒掉世界，可說如出一轍。

畏怖女小檔案

法器	滅世之火、三叉戟
特徵	相貌多變
出處	印度密續

摩鄧伽女 Matangi · मातङ्गी

在印度教中，摩鄧伽女是從剩餘食物中幻化出現的女神，象徵豐饒和純潔，並帶有些許幻術色彩。在佛教傳說中，摩鄧伽女則是改邪歸正的魔女，她讓阿難神魂顛倒得差點破戒，但在佛陀教化下，最後卻比阿難更早證得阿羅漢。

相傳有一次毗濕奴和吉祥天女帶著上好的食物，前去拜訪濕婆和雪山女神，不小心把一些食物殘渣掉在地上，這些食物的殘渣後來幻化成一個秉性公正的純潔少女，她從不享受美食，只吃殘羹剩飯。濕婆後來祝福這位少女，向她說：「那些誦念妳的咒語並向妳祈禱的人，不但可以所獲豐饒、制伏仇敵，還能滿足一切願望。」這個只吃剩飯的純潔少女，就是摩鄧伽女。

雖然出身純潔、秉性公正，但印度神廟中的摩鄧伽女卻是個一身火紅、凸胸細腰、戴著勝利花蔓的女神，她坐在屍體上面露微笑，前額有一輪明月，四隻手分別拿著絞索、刀劍、狼牙棒和棍棒，既性感又邪魅。

佛教中的摩鄧伽女則與美男子阿難有關，是佛教徒宣揚「女難」的代表性故事，故事記載於《楞嚴經》。阿難是佛陀的堂弟，也是僧團第一美男子，一次他出門托缽口渴，看到站在井邊的摩鄧伽女，便走過去討水喝，摩鄧伽女一看到阿難相好莊嚴，立刻心生愛意，用幻術迷惑阿難，就在兩人即將燕好之際，佛陀感應到阿難有難，立刻遣人將阿難和摩鄧伽女召回僧團。

面對佛陀，阿難滿心愧疚，佛陀對摩鄧伽女說：「如果妳想和阿難結婚，那妳就先出家一年。」摩鄧伽女高興得立刻落髮為尼，日日精進用功，半年後終於體悟人身臭穢、愛欲不淨，哭著向佛陀懺悔，後來比阿難更早證得阿羅漢。

額前飾有月亮 •

戟 •

盾 •

• 鐮刀

絞索

蓮花女 Kamala · कमला

蓮花女是吉祥天女在印度密教中的稱呼，在十大明天女中，蓮花女是知名度最高，也是最受歡迎的女神；但在十大明天女內部，因為入列較晚，因此地位敬陪末座，祭儀也不如其他大明天女盛大。

蓮花女生於蓮花，也可以說她本身就是蓮花的化現，擁有美豔如陽光的面容，豐滿的胸前掛著一串珍珠項鍊，前額有一輪明亮的滿月，戴著高聳的冠冕、穿著絲綢的衣裙，四隻手臂分持蓮花和滿足眾生欲望的與願印。她常擺出蓮花的姿勢坐在蓮花池中，由四頭大象為她澆灌甘露。蓮花在印度代表生命力和繁殖，而大象則象徵王權。

蓮花女是印度密教的稱呼，信徒更常稱她為吉祥天女拉克希米或是蘇黎，有時也合稱為蘇黎·拉克希米。印度早期提到蓮花女都是稱她為蘇黎，代表正面的能量，象徵豐收、王權、榮耀、財富和美麗。信徒相信蓮花女能夠替他們帶來富裕，並滿足他們的各種願望。

印度教的吉祥天女，是個專一於毗濕奴的妻子，不論毗濕奴成為哪一個化身，吉祥天女總也化身成祂身邊的女人相隨。但在密教神話中，蘇黎·拉克希米卻是個交往複雜的女神，她和月神蘇摩、正法之神達摩、天帝因陀羅、財神毗俱羅，都曾有過如同夫妻般的親密關係。

當蘇黎·拉克希米和因陀羅住在一起時，因陀羅是吠陀時期的天帝，政治勢力、神力及財富都處於登峰造極，當蘇黎·拉克希米離開因陀羅後，因陀羅就失去了天帝的寶座。而財神毗俱羅也是因為和蘇黎·拉克希米在一起，才擁有了全世界的財富，並成為夜叉之王。

▲蓮花女就是印度密教的吉祥天女。與吉祥天女不同的是，蓮花女會與兩頭或四頭白象一起出現。（南印度）

蓮花女小檔案

法器	蓮花
神職	豐饒女神
出處	印度密續

度母 Tara · तारा

說到度母，一般會想到的是藏傳佛教的女神，但其實度母的信仰源自印度教的吉祥天女拉克希米，且與印度密教信仰有直接的關係。

吉祥天女是天神和阿修羅在乳海攪拌時出現的寶物之一，她的美麗讓天神和阿修羅為之傾倒，因此她也是愛欲的化身。在印度教中，吉祥天女是印度父系社會最欣賞的婦女典型，美麗溫婉又對夫婿毗濕奴忠貞不二，加上她象徵豐饒和財富，自然會成為世人崇拜的對象。

吉祥天女在印度的密教信仰中轉化成「多羅」（意思是度母），特別凸顯其愛欲特質，形象也從原本的溫婉柔美，大變身為忿怒尊的樣貌，造像類似性力派的女神難近母和黑天女。這樣的轉變外人難以理解，卻是印度性力信仰的基調。

印度的性力信仰直接影響到了

▲藏傳佛教中的度母，被製作成隨身攜帶的配飾，保佑信徒。

藏傳佛教，度母從印度轉戰西藏之後，地位更形重要，儘管藏傳佛教每個教派都有自己的本尊神，但每個教派都虔誠信奉度母，她是藏密的多羅菩薩、救度佛母，也是觀世音菩薩慈悲和眼淚的化身，是每個教派的三本尊之一。

藏傳佛教認為，度母是觀世音見到六道眾生苦於輪迴而感慨落淚的慈悲化現，為了不同根器的眾生，度母有二十一和五百等不同數量的說法，其中較為知名的是白度母和綠度母。

白度母的功德誓願，是為眾生消除因業障和魔障所致的各種病症和蠱毒，並幫修行者解脫生死輪迴。綠度母因其救度迅速且能勇猛地摧毀魔障，又被稱為救度速勇母，能夠消除一切眾生的煩惱痛苦、諸病魔障，讓一切眾生富貴長壽、平安吉祥，幫助眾生解脫生死苦海，往生極樂世界。

◀吉祥天女在印度的密教信仰中轉化成「多羅」（也就是度母），形象也從原本的溫婉柔美，轉變為忿怒尊的樣貌。

牛魔王 Mahisha Kingdom ・ महिष

提到牛魔王，許多人腦海中浮現的一定是《西遊記》裡那個擅長七十二變，武功不遜孫悟空的鐵扇公主夫婿。令人意外的是，牛魔王的本尊竟是印度的阿修羅王。印度神話故事裡的牛魔王，是個打敗天神，曾取得天界主導權的狠角色。

在很久以前，天神和阿修羅爆發了一場爲期百年的大戰，這場戰爭不但讓天神顏面掃地，還被阿修羅掃出天界。雖然天神個個身懷絕技，但卻沒人打得過牛魔王，他戰功彪炳地帶領阿修羅占據天界，發號施令。但如此屬害的角色，卻在難近母手下栽了個永無翻身之地的大筋斗。他和難近母的戰爭，讓難近母一戰成名，而他卻落得身首異處、死無全屍的慘狀。

難近母原是宇宙太初之母摩訶摩耶的示現，當天神如喪家之犬跑到三相神面前請求出手相救時，梵天、毗濕奴、濕婆看到阿修羅竟如此囂張，不由得也動了火氣，從祂們眼睛所射出來的憤怒之火誕生了難近母。因此難近母可以說是集三相神的憤怒之火

▼牛魔王的本尊就是印度的阿修羅。牛魔王曾經取得天界主導權，可幻化成各種動物，最後以大水牛的形象死在難近母手下。

而生，能力自然是在三相神之上。諸神一看到難近母誕生，爭相獻出自己的法器，因此難近母又得到眾神加持，讓她的神力如虎添翼。

當難近母出現在阿修羅面前時，就算強悍如牛魔王也不由得膽顫心驚。一場撼動天地的大戰就此廝殺開來，阿修羅不敢輕敵，精銳盡出，由牛魔王統帥，諸多戰將一起展開攻勢向難近母殺去，而難近母卻只是瀟灑地騎著獅子，隻身面對阿修羅的百萬大軍。

阿修羅大軍向難近母投擲武器，一時間各式武器如烏雲蔽日般地飛向難近母，但難近母瞬間就將這些武器撥了個乾淨。她用天神送的武器掃向阿修羅，效果就如同大火吞噬森林，大批的修羅軍轉眼化爲塵土。牛魔王看到戰況危急，快速調動大軍再度包圍，此時難近母的每一呼吸產生了無數分身，拿著天神的法寶反攻向阿修羅軍。頓時阿修羅大軍潰敗如山倒，有的身首異處，有的粉身碎骨，屍體堆疊如山。難近母的坐騎獅子撕咬著阿修羅、戰馬和戰象，食肉飲血，整個戰場鬼哭神號，有如地獄。

眼見阿修羅大軍已被全數殲

▲難近母降魔。（柬埔寨吳哥遺跡女皇宮）

滅，牛魔王只好親自迎戰難近母。他幻化成大水牛，牛角和鐵蹄發出駭人聲響，憤怒地衝向難近母。難近母舉刀砍殺，牛魔王又幻化成獅子撲咬，屢試屢敗後，又變回阿修羅形象，手握寶劍砍向難近母。難近母還擊時，牛魔王又變成一頭大象，想用腳踏死難近母，獅子忠勇護主，撲向大象，這時牛魔王又變回大水牛。憤怒至極的難近母，終於一把抓到牛魔王，毫不手軟地立刻撕裂他的身體，將鮮血灑在大地上，牛魔王最後徹底死在難近母的手下。

牛魔王小檔案

神職	阿修羅之王
出處	塞犍陀往世書

食肉魔 Pisaca · पिशाच

食肉魔畢舍遮是印度神話中惡魔的統稱，和阿修羅、羅剎、夜叉都被視為邪惡的象徵。在某些神話中，說他們是由梵天創造天地、神人時所剩下的微塵所生成。在印度教中，食肉魔是專吃死人肉的魔鬼，在佛教中則是啖精氣鬼和狂顛鬼。

關於食肉魔的來源，一說是梵天的怒氣所生，或說是梵天的孫子迦葉波和畢舍質之子，或被認為是人類祖靈中的惡者。在印度神話中，他們的形象相當駭人，頂著一顆禿頭、牙齒橫亂、舌頭又尖又長，而女食肉魔的乳房則像破布一樣下垂到膝蓋。他們經常出現在屍林或墳場啃噬死屍，是讓人心生恐懼的魔鬼，就像是佛教中的惡鬼道眾生。

佛教稱食肉魔為「畢舍遮」，指的是一種專啖精氣的鬼怪，會使人發狂。畢舍遮不只吸食人的精氣，包括五穀雜糧在內的任何有能量的東西，都在他們的獵食範圍內。精氣神是人類生命的能量，一旦被畢舍遮吸走精氣，就會萎靡不堪，生命漸漸枯竭。相傳畢舍遮最喜歡在男女歡愛時，吸取男女交歡時的豐沛精氣，甚至連自慰的精氣也不放過。

畢舍遮也會讓人發狂，情況類似中邪或卡陰。一旦被畢舍遮吸取精氣後發瘋，患者會形同行屍走肉，完全變成另一個人，人類的理智和過去的記憶通通不見了。因為精氣神已被畢舍遮所奪，問診投藥都只是白費工夫。

佛教的護法神西方廣目天王，是惡鬼畢舍遮的統領。相傳廣目天王是大自在天的化身，也就是濕婆神在佛教中的職司。濕婆統攝畢舍遮，這也符合了印度神話中濕婆神是萬鬼之王的傳說。

▶ 佛教的護法神西方廣目天王，是惡鬼畢舍遮的統領。（臺南大天后宮）

夜叉 Yaksa・यक्ष

提到夜叉通常會讓人聯想到食人惡鬼，母夜叉更是恐怖至極。但事實上，這是把羅剎和夜叉混爲一談了，其實會吃人的是羅剎，而夜叉族則較爲複雜，不全然是邪惡的族群。

在印度神話中，夜叉有善有惡，甚至屬於半神人。有的夜叉確實會食人精氣，也吃人肉喝人血，但大多數的夜叉對人類還算友善，而且福報很大，住在忉利天，財神俱毗羅就是夜叉王；而佛教裡的夜叉，更是護法神天龍八部中的一個部眾。

夜叉和羅剎相傳都是從梵天的腳掌中出生，同樣都生得醜怪嚇人，但兩者經常彼此敵對。根據經典描述，夜叉和羅剎鬼中有些頭大身小，有些一個頭兩張臉或三張臉，還挺著紅色的大肚腩，手持刀、劍、戟等殺人工具，這樣的長相當然人人望而生畏，退

▲夜叉女常以絕色美女的形象出現。（印度布尼希瓦亞太陽神廟）

避三舍。因此，夜叉和羅剎鬼爲了鬆懈世人心防，經常幻化成獅、象、虎、鹿、馬、牛、驢、駝、羊等形象，再趁機下手。有些夜叉還會幻化成俊男美女，使見者錯亂迷醉，再進而食其精氣、噉人血肉。

經常變成絕色美女的母夜叉，其原形長得尤其嚇人，泛紅的一雙瞳鈴大眼從不眨動，沒有影子忽地飄來飄去，不知恐懼也沒有一絲慈悲。最典型的母夜叉，就是黑天女卡莉身邊的婢女荼枳尼，她吃人心，還用人的頭蓋骨喝人血，畫面相當恐怖，但到了日本，她卻成爲象徵豐饒的狐狸女神。

夜叉在中國也是恐怖的食人一族，相傳在中國古代也有土產的夜叉，他們住在山上或陰暗處，總在晚上出沒吃人，尤其喜歡吃皮滑肉嫩的小嬰兒，讓所有父母晚上總要緊閉門戶，深怕夜叉半夜來敲門。也有民間故事傳說，夜叉是住在海島上的食人族，他們生性凶猛、善於掠奪，還將人類視爲戰利品，帶回海島供全體夜叉狂歡吃肉飲血，尤其喜歡人眼的滋味，最後是觀世音菩薩將他們收服，讓夜叉從此成爲佛教的護法。

在日本，也有很多關於夜叉的

▲在泰國，夜叉常是守護者，擔任門神侍衛。（泰國曼谷大皇宮）

傳說。日本的夜叉通常是情場失意的女子，因為恨意得了失心瘋，才會變成額頭長角、眼睛上吊、長出鬼牙的母夜叉，找負心漢報仇雪恨。不論是中國或日本的夜叉，傳說其實都不離印度的夜叉原形，就連民間故事也極為類似，可見在千百年前，亞洲各國之間的往來交流就已經相當頻繁了。

除了會吃人的一類夜叉，有大福報或充滿正義感的夜叉也不在少數。印度財神俱毗羅就是夜叉王，身為財神自然富貴逼人，祂全身纓絡，一身珠光寶氣，還駕著一台飛天車遨遊天際，遍撒金銀珠寶賜福人間。祂和祂的夜叉族一同守護北方的喜馬拉雅山，也護衛著世間的善男信女。

佛教中的夜叉，雖然不乏啖人精氣、令人畏懼者，但也有一些福氣不錯的夜叉族。根據佛教經典記載，夜叉和許多天神一起住在忉利天，過著歡樂無煩惱的日子，其中又因為布施不同分為三種夜叉；一是「地行夜叉」，因為過去生樂於財施，所以飲食不虞匱乏，並且常得種種歡樂、音樂。二是「虛空夜叉」，他們具有大神力且行走如風。三是「飛行夜叉」，因為過去樂於布施車馬等交通工具，所以他們能夠飛行，而且不乏飲食和各種娛樂。佛典中還有無數的護法神將是夜叉，負責在法會上守護道場，並默默護持依循正法精進修行的一切眾生。

▲夜叉、羅剎、阿修羅常被混同，夜叉是半神人，分為地行夜叉、虛空夜叉、飛天夜叉三種，又稱「藥叉」。

羅刹 Rakshasa · राक्षस

羅刹是印度神話中的魔怪，他們和阿修羅同樣屬於邪惡的族群。阿修羅和天神一直處於敵對狀態，但羅刹並非天神仇敵，他們主要襲擊的對象是人類。在佛教的神話體系中，羅刹和夜叉最後都受到佛陀感化，成為佛教的護法眾之一。

羅刹的長相醜怪恐怖，有的又矮又胖像侏儒，有的枯瘦如柴，有些則臃腫肥胖，獸頭人身、多腳多手，甚至長角，不一而足。不過，每個羅刹都有一身變化偽裝的好本領。男羅刹生著一頭紅髮，皮膚黑得像黑炭，張著長滿獠牙的血盆大口，瞪著露出凶光的綠色大眼。女羅刹則長得嬌豔動人，善於使用妖術魅惑凡人。不論性別，羅刹的本性一概是凶猛暴戾，喜歡在夜晚活動，最常出沒在墳墓堆或屍林之中，他們會干擾祭祀、騷擾世間、食人血肉，由於具有神通，會飛天遁地，行動迅速敏捷。面對這樣的對手，不要說是人類聞之色變，天神也常常招架不住。

雖是令人厭惡的恐怖魔怪，傳說羅刹也是天神所生。有的神話說羅刹和夜叉都是從梵天的腳掌所生，是梵天為了要保護最初的水源而生出了羅刹。有的則說他們是生主之一的補羅斯底耶後代，也有人說是迦葉波和達剎之女伽莎所生。根據歷史學家的研究，羅刹應該是古印度某族土著的名稱，在雅利安人征服印度後，便將羅刹族視為應該打倒的魔怪，久而久之羅刹便成為惡鬼、惡魔的代名詞。

相傳羅刹的領土就在今天的斯里蘭卡，羅刹之都叫做楞伽城，羅刹王是羅波那——史詩《羅摩衍那》中擄走羅摩之妻悉多的人。為非作歹的羅波那，經過千年苦行後擁有令諸神畏懼的力量，直到毗濕奴化身成為拘薩羅國的王子羅摩，才在神猴哈奴曼的協助下打倒羅波那。

羅刹和夜叉雖然不屬於同一族群，但羅刹王羅波那和夜叉王（即財神俱毗羅）卻是同父異母的兄弟。史詩《羅摩衍那》中的羅刹國，雖然統治者是羅波那，但先前卻是俱毗羅的國土，在土地被羅波那占領後，俱毗羅才和夜叉族搬到北邊的喜馬拉雅山上居住。

佛教裡的羅刹是被佛陀所教化的護法眾之一，相傳釋迦牟尼佛的兒子羅睺羅就曾經在夜晚被羅刹騷擾，驚恐地無法入睡，於是母親耶輸陀羅帶著他前往佛陀當時所在的無憂樹園求救。佛陀於是傳授《大莊嚴陀羅尼》，並對大眾宣說：「若有眾生，被諸羅刹及惡鬼神種種嬈亂者，當以此莊嚴陀羅尼書於紙素，作彼隨求戴於身臂，當令諸惡羅刹，乃至世間一切食膏血者，惡鬼神類不敢侵近悉皆奔走，四方四維十由旬外遠避而去，當令眾生得安隱樂……恆常讀誦此大莊嚴陀羅尼者，所有一切刀杖毒藥不能為害，乃至邪明咒術罥索繫縛，人

▲羅刹是一群夜間活動的怪物，會吃人，也會挖墳吃屍體；梨俱吠陀形容他們像貓頭鷹、兀鷲或狼。據推測，羅刹可能就是早期雅利安人入侵印度時遇到的原住民。羅刹的惡鬼形象，隨著印度教與佛教信仰的流布，遍及亞洲。

▲十頭二十隻手的羅波那，是羅剎鬼國之王。（柬埔寨吳哥遺跡女皇宮）

及非人一切惡事悉皆解脫，乃至十由旬內，一切眾生皆蒙擁護，一切災沴咸皆殄滅。」

此外，佛陀也降服過羅剎女鬼子母。相傳鬼子母擁有一百個孩子，她悉心照顧每個孩子，甚至願意用自己的血來餵養孩子。但一到晚上，慈愛的鬼子母就變成恐怖的食人羅剎，每天都要去吃掉一個人類的孩子。有一天，佛陀悄悄抱走鬼子母的一個孩子，鬼子母瘋狂四處尋子，此時佛陀才對她說：「妳有一百個孩子，我只抱走一個，妳就如此心碎瘋狂，那些被妳吃掉孩子的母親又是怎樣的心情呢？」於是鬼子母從此不再吃小孩，還變成了佛教中的兒童守護神。

▲犍陀羅時期的鬼子母。（英國倫敦大英博物館）

始祖摩奴 Manu • मनु

摩奴是印度神話中開天闢地的第一個人類，他是太陽神蘇利耶之子、死神閻摩之弟。印度神話裡的摩奴有十四世，也就是過去七世的往昔第一人，以及未來七世的第一人。

▲摩奴是太陽神之子，帶領萬物躲避了大洪水，也是「摩奴法典」的制定者。

這次的宇宙創世是摩奴的第七世，他在這一世的創世故事，與基督教神話裡的諾亞方舟如出一轍，可以說是東方版的諾亞方舟；而影響印度社會極為深遠的《摩奴法典》，印度人也認為是摩奴所著。

相傳摩奴不但是初始第一人，藉由苦行，也擁有媲美天神的力量。有一次當他在河邊苦行時，一條小魚游到他身邊對他說：「聖者啊！我是一條柔弱的小魚，身邊都是準備將我吞食的大魚，我請求你的保護，帶我離開這條河，如果你肯救我，將來我一定會報答你的。」修行者的慈悲讓摩奴答應了小魚的請求，他用一只小瓶子來養小魚，救牠遠離隨時可能會被吞食的河流。

過了一段時間，瓶子越來越擁擠，摩奴於是找了一個池塘，讓小魚能夠盡情地舒展身體。又過了好一段日子，小魚已經長成大魚，池塘已不足以讓牠悠游，牠再度請求摩奴將牠放進恆河。沒想到魚兒成長的速度驚人，一段時間後，連恆河都不再適合牠生存，最後摩奴將牠放游大海。

這時魚兒告訴摩奴，不久後這個世界及大地上的所有生物都將毀於大洪水，整個世界會沉入海裡，所有生靈都難逃此劫。魚兒

讓摩奴建造一艘大船，盡可能地將所有生物都帶上，就連植物種子也別忘記。當大洪水來襲時，牠會請摩奴在大船上等待救援，屆時只要看到牠的犄角，就將繩子套在犄角上。這條充滿靈性的魚兒，就是毗濕奴大神的第一個化身。

摩奴回家後立刻聽從魚兒吩咐，建造大船並將動植物盡量帶到船上。果然沒多久，暴雨不分日夜地下，天地為之變色，足以讓世界毀滅的大洪水轟然而來，土地頃刻變成汪洋，舉目所見盡是滔天洪流。摩奴的大船在汪洋中浮沉，這時大魚果然依約出現，摩奴趕緊將繩子套在大魚的犄角上，任由大魚拖著船在汪洋中前行，就這樣過了好久，大魚終於將船隻拖到了雪山上，摩奴

和所有生物這才逃過洪水大難。

此時大魚又說話了。牠告訴摩奴說：「我雖然讓你們避過洪水之災，但是從今以後，這個世界就要由你來創造，你要力行更加艱困的苦行，增強自己的力量。」摩奴依照大魚的指示修苦行，當他完成苦行時，以牛奶和奶油供祭，過沒多久一個貌美女子從水裡誕生，兩人成為人類的父母，重新創造了這個世界。

至於相傳也由摩奴所創的《摩奴法典》，許多教條至今依舊是印度人生活的規臬，束縛印度人三千多年的「種姓制度」就記錄在《摩奴法典》中。而舉凡婚姻、家庭義務、戒律、祭祀、苦行、民刑法，甚至人死後的業障和輪迴，一切和生活有關的規矩都可在這部法典中找到，並成為

▲摩奴法典的英譯本書影。十九世紀末由喬治布勒譯成的《摩奴法典》英譯本，曾經是全球流布最普遍的譯本。

印度教的法制權威，也是研究古印度社會秩序、文化風俗極為重要的基本文獻。

▼印度五種姓：婆羅門、剎帝利、吠舍、首陀羅、賤民。

那迦 Naga · नाग

那迦族即蛇族，在印度神話中被描述成人身蛇尾的族類，其先祖輩是梵天孫子迦葉波和梵主之女卡杜所生的一千個孩子。這一千個孩子所繁衍出來的子子孫孫，就是讓人汗毛直立的蛇族。因此在印度，蛇也被視為神的化身之一。

蛇族的母親卡杜和金翅鳥的母親維妮塔是一對姊妹，迦葉波娶了這對姊妹後，問她們有什麼願望，卡杜說她要一千個兒子，維妮塔則只要兩個兒子，但這兩個兒子要強過卡杜的一千個兒子。

後來卡杜果然生下一千顆蛋，維妮塔則生下兩顆蛋。過了五百年後，卡杜所生的一千顆蛋孵化出了一千條黑蛇；維妮塔左等右等，她所生下的兩顆蛋就是沒有動靜，心急之下維妮塔打破其中一顆蛋，想提早讓孩子出世。沒想到她的大兒子根本沒有發育完整，長得怪模怪樣，於是他詛咒母親將來要做五百年的奴婢，只有等到弟弟出世才能夠得救。

這個詛咒很快就應驗了。一天

▲那迦也常出現在柬埔寨吳哥遺跡的屋頂邊角上。（柬埔寨吳哥遺跡女皇宮）

卡杜和維妮塔正好看到神馬從海中升起，卡杜說馬的尾巴是黑色的，維妮塔說是白色的，姊妹兩人為此打賭，輸家要當贏家的奴婢。卡杜於是叫她的兒子爬上馬的尾巴，讓尾巴看起來像是黑色的，維妮塔不知有詐，從此淪為卡杜的奴婢。後來她所生的第二顆蛋，孵化成為金翅鳥王迦樓羅，祂為了救母跑到天庭盜取甘露，後來也和蛇族成為世仇。

那迦族的性格有好有壞，有時代表邪惡，有時則被視為天神化身，也常被當成智者或術者，他們善於變化，經常混居在人間界，具有讓人起死回生的神力。女性那迦常與凡人通婚，而且所嫁的對象通常不是國王就是英雄。《摩訶婆羅多》裡的英雄阿周那就是娶了那迦王之女優魯毗，德羅納之子馬勇也娶了女性的那迦。《羅摩衍那》的羅摩王之子俱舍，也是娶那迦女鳩摩羅提毗。

印度神話裡著名的那迦，包括卡杜的長子舍濕、攪拌乳海時充當攪拌繩的瓦蘇吉、毗濕奴大神休息時的守護者阿難陀、害死阿周那之孫的陀刹迦、阻擋河水流向人間的障礙者弗栗多。舍濕雖然是卡杜的長子，但因為看不慣兄弟的所作所為而離家苦行，由於他有一千顆頭，梵天讓他負責頂起這塊大地的任務。阿難陀則常被視為毗濕奴的化身之一。

對於善惡有特殊看法的印度人，將蛇族當成是神來敬拜，蛇廟到處林立。除了蛇廟、蛇村、蛇舞、蛇船賽，印度還有盛大的蛇節。在七月和八月間舉行的蛇節，現在已成了印度的觀光賣點之一。蛇節期間，印度教徒會在蛇廟舉行祭祀，用泥巴和牛糞在牆上畫出蛇形，並用牛奶、鮮花和特製的甜點供祭蛇神。部分蛇廟還會將蛇頭按入牛奶中，然後再將牛奶淋在蛇頭上，接著舉行盛大的膜拜典禮。但印度人可能不清楚，蛇對牛奶過敏，甚至會脫水而死，因此每次蛇節過後，就有一堆蛇因此喪生。

不只是印度有崇拜蛇神的習俗，相傳古代的柬埔寨王都要與一個多頭的那迦女共宿，這是保佑國運昌隆的重要祭儀。

▲那迦張開眼鏡蛇般的頭，為諸神遮蔽風雨。（印度淡米亞那督邦堪奇普藍神廟）

▶那迦是神的化身，是蛇族，也是龍，有五個頭、七個頭、九個頭的形象。在柬埔寨，那迦是天國的引渡者，神廟門前常可見那迦作為門或橋的裝飾。

愛神 Kama · देवी

在印度古老的宗教中，情欲表現一直十分突出。印度神話傳說，認為在原始混沌中最先誕生的便是「欲」。萬物始於欲，它是世界心靈的第一顆種子，象徵生命的原始欲望，而愛神便是一尊原始之欲的擬人化神明，也稱為欲天。

種姓制度下牢不可破的社會階級，壓得印度人喘不過氣來，唯一可以舒展身心的就是情欲。因此在印度，不論是神或人，對於情欲大都持正面態度。印度人對於情欲和性愛都有徹底的研究，《欲經》中關於情愛的挑逗，以及如瑜伽姿勢的高難度性愛花招，都讓人看得眼花撩亂。

至於性力的信仰，更是印度宗教裡一股暗潮洶湧的潛勢力。印度密續以及性力神話中，對於天神豔情的描述十分露骨大膽，這在世界宗教文明中，顯得既原始又前衛，可說是異數中的異數。

由於世界的創造始於欲，因此愛神（欲天）也被視為最先出生的天神。在印度教神話中，愛神只是一個配角式的小神，卻深受普羅大眾的喜愛。愛神是印度諸神中最英俊的天神，總是坐在一隻鸚鵡上面，嘻笑地遨遊天際。這個永遠年輕的大帥哥最著名的故事，就是向濕婆神射出愛情之箭，想讓濕婆就此愛上雪山女神，卻反被濕婆的第三隻眼燒成灰燼。

愛神（欲天）總是和妻子羅蒂、好友春神伐森多結伴同行，所到之處總是處處有春天，天天

▲欲天和妻子羅蒂。由於萬物創造始於「欲」，「欲天」也是最早被梵天創造出來的天神。在印度教的神廟中，常可看到欲天與妻子纏綿的造像。（印度中央邦卡久拉霍）

▲印度對性的崇拜持正面態度，透過性，可以創造生命、掙脫輪迴，奉獻給法輪。古性愛寶典的經文《卡馬書梨》中，也有相同的理念和論述。（印度淡米亞那督邦堪奇普藍廟群）

都是談情說愛的好日子。愛神手持一張用甘蔗做成的神弓，弓弦是一排飛舞的蜜蜂，愛情之箭則是用花朵做成。愛神的個性有些調皮，有些玩世不恭，不像其他神明那樣一板一眼，工作時也很隨性，像是祂一出生就隨便給梵天來上一箭，讓梵天情不自禁地愛上自己的女兒，以致一輩子遭人非議。

不管是神或人，只要被愛神的箭射中，就會失去理智，心中燃起熊熊愛火，瘋狂愛上第一眼所看到的那個人。淘氣的愛神偏愛找天真爛漫的年輕女孩射箭，也經常會向苦行者下手，導致他們的辛苦修行前功盡棄，或是讓已婚的婦女昏頭愛上別人。如果有人能夠對愛神射來的箭無動於衷，愛神不會就此罷手，反而會施予懲罰。

相較於印度教諸神的汲汲營營，愛神對於權力鬥爭倒是沒有多大興趣，比較像個頑童到處散播愛情。當祂被濕婆的第三隻眼燒為灰燼之後，天上人間都失去了愛情，死氣沉沉，因此當濕婆和雪山女神結婚後，應眾神要求，濕婆讓愛神再生為黑天之子普拉多曼。等普拉多曼在一次酒後械鬥中過世後，濕婆才讓祂恢復形體和神職，重新和妻子羅蒂團聚，再續前緣。

印度最盛大的霍利節，相傳在古代就是慶祝愛神的春節，只是現在已失去其最初的意義，而成為狂歡的節慶。此外，在夜晚舉行的妖精節，以及八月十五的滿月節，都是和愛神有關的節慶。

愛神小檔案

配偶	羅蒂
坐騎	鸚鵡
法器	甘蔗神弓
神職	愛情之神、欲望之神
出處	梨俱吠陀

達夏 Daksha · दक्ष

達夏是梵天的第七個兒子，生於梵天右腳的大腳趾，後來與生於梵天左腳大腳趾的妹妹毘里尼結婚，先後生了五十個女兒，這是達夏身世最普遍的說法。但有些傳說，則指達夏是毗濕奴的化身。

達夏和妻子毘里尼育有五十個女兒，其中十三個女兒嫁給達夏大哥的兒子迦葉波，另外二十七個女兒都是天上星宿，嫁給月神蘇摩，另一個女兒薩蒂嫁給濕婆神。阿底提是嫁給迦葉波的十三個女兒之一，她雖是達夏之女，但她後來也生下達夏，這是吠陀神話中較令人不解的一個傳說。

除了是毗濕奴的化身，進而創造世界的生主形象，達夏幾個較廣為人知的故事都與祂的女兒有關，其中薩蒂（濕婆的第一任妻子）與濕婆的愛情故事，更是印度神話中最淒美的篇章。

薩蒂未婚之前便心儀於濕婆，但父親達夏對濕婆並無好感，在為薩蒂舉行的選婿盛會上還故意漏請濕婆。盛會中，薩蒂東挑西嫌，就是沒人能讓她看得上眼，在最後拋花環選婿時，薩蒂心中向濕婆默禱，濕婆適時地突然現身接下花環，成為薩蒂的丈夫。

達夏見狀大怒，心中更是厭惡濕婆。

有一次達夏舉行盛大的祭典，所有的天神都是達夏的座上賓，但祂刻意不請濕婆藉機差辱，薩蒂回娘家向達夏抗議不成，憤而縱身火堆自焚。悲傷憤怒的濕婆，砍下達夏的腦袋，後來達夏裝上羊首後又復活。自焚的薩蒂轉世成為雪山女神，與濕婆再續前緣。

達夏的女兒阿底提是太陽系諸神的母親，底提則是阿修羅之母，檀奴生下了妖獸族。而在嫁給月神的二十七個女兒之中，羅希妮獨得月神鍾愛，達夏屢次排解不成，憤而詛咒月神，讓祂染上重病而光芒逐日消減。最後在天神奔走下，達夏將詛咒減輕，讓月神的身體時好時壞，月亮自此有了圓缺。

◀ 達夏看不起濕婆這個女婿，沒有邀請濕婆參加宴會，薩蒂為了維護丈夫的尊嚴，自焚而死，濕婆因此殺死達夏為妻子復仇。後來濕婆要讓達夏復生，但達夏的頭顱已經被火焚毀，只好用羊的頭代替，從此達夏就成了羊頭人身。

▲ 達夏是梵天之子，從梵天的右腳大腳趾出生，祂的女兒阿底提是太陽系諸神之母，女兒薩蒂是濕婆的妻子。

你喜歡貓頭鷹出版的書嗎？

請填好下邊的讀者服務卡寄回，

你就可以成為我們的貴賓讀者，

優先享受各種優惠禮遇。

貓頭鷹讀者服務卡

謝謝您講買：＿＿＿＿＿＿＿＿＿＿＿＿＿＿＿＿＿＿＿＿＿＿＿＿＿＿＿＿＿＿＿（請填書名）

　　為提供更多資訊與服務，請您詳填本卡、直接投郵（免貼郵票），我們將不定期傳達最新訊息給您，並將您的建議做為修正與進步的動力！

姓名：＿＿＿＿＿＿＿＿＿＿＿　□先生　民國＿＿＿＿年生
　　　　　　　　　　　　　　　□小姐　□單身　□已婚

郵件地址：□□□＿＿＿＿＿＿縣　　　　　＿＿＿＿＿＿鄉鎮
　　　　　　　　　　　　　　市　　　　　　　　　　市區＿＿＿＿＿＿＿＿＿

聯絡電話：公（0　）＿＿＿＿＿＿　宅（0　）＿＿＿＿＿＿　手機＿＿＿＿＿＿＿＿＿

■您的**E-mail address**：＿＿＿＿＿＿＿＿＿＿＿＿＿＿＿＿＿＿＿＿＿＿＿＿＿＿

■您對本書或本社的意見：

您可以直接上貓頭鷹知識網（http://www.owls.tw）瀏覽貓頭鷹全書目，加入成為讀者並可查詢豐富的補充資料。
歡迎訂閱電子報，可以收到最新書訊與有趣實用的內容。大量團購請洽專線 (02) 2500-7696轉2729。
歡迎投稿！請註明貓頭鷹編輯部收。